本册撰著者：王福梅　连晨曦

福建省社会科学研究基地

莆田学院妈祖文化研究中心

总主编：宋建晓 黄志源
主 编：方宝璋 曾 伟
王福梅 连晨曦◇著

闽台信俗中的“福”文化

海峡出版发行集团
THE STRAITS PUBLISHING & DISTRIBUTING GROUP
鹭江出版社
2024年·厦门

图书在版编目（CIP）数据

闽台信俗中的“福”文化 / 王福梅, 连晨曦著 ; 宋建晓, 黄志源总主编 ; 方宝璋, 曾伟主编. -- 厦门 : 鹭江出版社, 2024. 12. -- (闽台“福”文化研究).
ISBN 978-7-5459-2410-7
Ⅰ. B933
中国国家版本馆CIP数据核字第2024KB5855号

出版人 雷 戎
丛书策划 余丽珍
项目统筹 苏 昉
责任编辑 蔡本烟
装帧设计 江 航
美术编辑 朱 懿

闽台“福”文化研究
宋建晓 黄志源 总主编
方宝璋 曾 伟 主编

MINTAI XINSU ZHONG DE “FU” WENHUA
闽台信俗中的“福”文化
王福梅 连晨曦 著

出版发行： 鹭江出版社
地　　址： 厦门市湖明路22号　　**邮政编码：** 361004
印　　刷： 福州德安彩色印刷有限公司
地　　址： 福州金山工业区浦上园B区42栋　　**联系电话：** 0591-28059365
开　　本： 700mm × 1000mm　1/16
插　　页： 4
印　　张： 12
字　　数： 161千字
版　　次： 2024年11月第1版　2024年11月第1次印刷
书　　号： ISBN 978-7-5459-2410-7
定　　价： 54.00元

总序

学术界有关文化研究的成果可谓汗牛充栋，其对文化的内涵与外延的理解也不尽相同，据不完全统计，达成百上千种观点。据我目前的认知，文化大致可分为物态文化、行为文化、制度文化、心态文化四个层次，闽台民俗中的“福”文化大致也可以分为这四个层次。闽台民俗主要包括食衣住行习俗，岁时年节节俗，婚育、丧葬、交往礼俗，宗教、民间信俗等四个方面。总体说来，食衣住行习俗、岁时年节节俗“福”文化中蕴含着较多的物态文化和行为文化的内容，而婚育、丧葬、交往礼俗“福”文化中蕴含着较多的制度文化的内容，宗教、民间信俗“福”文化中蕴含着较多的心态文化的内容。除此之外，闽台工艺美术和民间音乐基本上属于俗文化的范畴，其大多蕴含着物态文化和行为文化的内容，当然，当代学术界对其发掘分析，其中自然也蕴含有制度文化与心态文化的内涵。

中华文化源远流长，已经有五千多年的历史，而且底蕴深厚，丰富多彩。“福”文化孕育于其中，自然也是根深蒂固，枝繁叶茂。先秦时期，儒家的经典《诗经》就已经记载了先民对美好幸福生活的向往和追求。如在《楚茨》《信南山》《甫田》《螽斯》《文王》等篇中，就有先民“报以介福，万寿无疆”，对追求长寿之福的祈愿；也有“螽斯羽，诜诜兮。宜尔子孙，振振兮”，对多子多福的祝福；

还有“永言配命，自求多福”以及孔子“不义而富且贵，于我如浮云”（《论语·述而》）中对追求幸福进行哲学意义上的思考和选择。

以黄河中下游为中心的华夏文化是古代东亚最先进的文化，其随着与周边地区的不断交往而传播开来。魏晋南北朝时期，由于中原地区不断战乱，人们被迫南迁，其中西晋永嘉年间“八姓入闽”，大批中原衣冠士族进入福建。尔后，在唐末五代和两宋时期，北方仍然战乱不已，许多北方汉人源源不断迁徙入闽。移民的迁徙过程，其实也是一种重要的文化传播途径。大量的北方汉人带着黄河流域的农耕民俗文化入闽，与当地的越族海洋民俗文化碰撞融合，最终在两宋时期形成了以农耕民俗文化为主、海洋民俗文化为辅的海滨民俗文化，其中也包含了福建民俗中的“福”文化。明清时期，福建地少人多，大量民众为了谋生，移民台湾。据多次统计，近代台湾人中，有80%左右为福建籍的移民。这些人到台湾后，仍然讲家乡的方言，沿袭家乡的生活习惯，祭拜家乡的神祇，传唱家乡的戏剧，不言而喻，在整个台湾，福建的民俗居于主体地位。福建与台湾成为同一民俗文化区，是中华传统文化一体多元中的“一元”。换言之，闽台民俗中的“福”文化源于中华传统文化，是中华传统文化的一个分支。

闽台民俗中的“福”文化源远流长，丰富深厚，不是三言两语就能道清楚说明白的。简言之，文化不是静态的，而是随着时代的变化不断发展的，不同历史时代有不同的文化，“福”文化也是如此。本系列著作主要探讨闽台地区流传至近现代传统民俗中的“福”文化。从广义上说，“福”文化就是人们对美好幸福生活的追求，如在食衣住行习俗中追求丰衣足食、安居乐业之福，在岁时年节节俗中遵循顺应自然、感恩奉献之福，在婚姻、生育、丧葬、交往礼俗中体现尊礼重情、安康和谐之福，在宗教、民间信俗中崇奉立德为本、大爱行善之福。从“福”文化角度来说，追求幸福贯穿着每个人的一生。当一个小生命呱呱落地，人们就为他（她）祈福、求福，当他（她）长大成人、成家立业之后，就意味着福至、享福。但是人的一生不可能是一帆风顺的，往往祸福相倚，所以应该懂得惜福，学会趋福避祸。从儒家推己及人的价值观来看，一个人、一家人幸福是不够的，应该“老吾老以及人之老，幼吾幼以及人之幼”（《孟子·梁惠王上》），自己幸福了，还要为广大民众、社会谋福、造福，甚至自己离开这个世界后，还要为后人荫福。闽台的“福”文化还蕴含着一种大度豁达的人生态度，如吃亏是福，在经商中吃了亏，算不了什么，不必太认真计较。因为如果你不计较，大家了解到你的大度、厚道，以后就会有更多的人愿意与你做生意，你的生意就会越做越大，最终发财致富。这不就是吃亏是福吗？又如闽台民间宣扬“积善之家，必有余庆”，“积德之家，福泽后人”，就是劝谕世人积德行善，你的子孙也将因此而获得福报。

自1978年党的十一届三中全会以来，我国实行改革开放政策，社会经济得到快速发展，取得令世人惊叹的巨大成就，成为世界第二大经济体，广大人民生活水平不断提高。党和国家还广泛深入地对广大农村开展精准扶贫工作，至2020年，全国农村已经达到百分之百脱贫，扶贫工作取得举世瞩目的成就。全国绝大多数民众进入了小康社会，过上了幸福的生活。但是，令人遗憾的是，人们的幸福感并没有与物质生活水平的提高成正比，前者远落后于后者。一个人的幸福生活，应包含物质生活水平和精神上幸福感的共同提升。党的十八大提出，全党应把为人民谋福祉作为全面深化改革的出发点和落脚点，因此，建设当代中华“福”文化，树立社会主义幸福观，提高人们的幸福感是一项具有重大理论价值和现实意义的工作。

习近平总书记指出，“要加强对中华优秀传统文化的挖掘和阐发，使中华民族最基本的文化基因与当代文化相适应、与现代社会相协调”。在党和国家把为人民谋福祉作为全面深化改革的出发点和落脚点的重大战略决策中，建设当代中华“福”文化和树立社会主义幸福观是相辅相成的。当代的中华“福”文化是海峡两岸的中国人，甚至是全球的华侨华人都能认同的“福”文化，是中华民族共同的文化标识，是团结协作的纽带，在和平统一祖国和“一带一路”倡议促进民心相通中，发挥其应有的作用。社会主义的幸福观则是更高一个层面，即应蕴含在社会主义核心价值观之中，成为中华民族之魂、立国之本，成为党和国家实现中华民族伟大复兴、追求全国人民幸福生活的巨大动力。总之，无论是建设当代的中华“福”文化还是树立社会主义的幸福观，继承中华传统优秀的“福”文化，并将其进行创新性的发展、创造性的转化都是很有必要的。例如目前中国人民之所以物质生活水平有了很大的提高而幸福感没有得到相应的提高，一个重要的原因是缺乏一个正确的幸福观，即对幸福的主观预期与现实客观的生活有较大的落差。这是矛盾辩证的两个方面：一方面人类必须不断有更高的更多的幸福追求，才能促使人们更加努力地工作学习，去发明创新，创造出更多的物质财富和精神财富；另一方面人类也必须知足常乐，应满足于当下丰衣足食、安居乐业，尊礼重情、安康和谐的幸福生活，不要过分追求物质生活的享受，应有顺应自然、感恩奉献、立德为本、大爱行善的精神超脱。本系列著作如能给广大读者提供诸如此类的启迪，那就足以使作者欣慰了。

本人长期从事中国古代审计史和管理思想史的研究，也曾参与闽台文化、民俗的研究，但对近年兴起的“福”文化研究知之甚少。福建江夏学院党委书记宋建晓教授在莆田学院任职期间组织、指导学校中青年教师编写“闽台‘福’文化研究”丛书，我有幸受宋书记的嘱托，协助他工作，学习到一些有关闽台民俗中“福”文化的知识。在本系列著作开始陆续出版之际，又接受了作序的任务，只好勉为其难，谈一些粗浅的认识，敬请大家批评指正。

是为序。

方宝璋

2022 年 9 月 3 日

目录

绪论

一、"福"文化的内涵

中华"福"文化源远流长，博大精深，内涵丰富。人们对"福"基本内涵的理解和追求，也有一个不断丰富演绎的过程。

中华"福"文化的产生最早可以追溯到远古社会，当时社会生产力十分落后，生存环境极其恶劣，对风、雨、雷、电、生、老、病、死等各种自然和社会现象，人们无法做出科学、合理的解释，认为自然界中的万事万物不仅都有灵魂，而且能够降祸福于人类，因而对神秘莫测的大自然产生敬畏、崇拜的心理。在敬畏自然、崇拜自然、征服自然的过程中，远古先民逐渐产生了趋吉避凶的朦胧意识，并试图通过某种方式或媒介向自然表达对吉祥幸福生活的祈盼，祈求自然的庇佑。可以说，自然崇拜、图腾崇拜便是远古先民趋福避祸观念的一种表达方式。此后，随着生产力的提高和社会的发展，人们对"福"的理解和表达方式更加多样，"福"文化内涵更加深厚。

"福"字是我国最古老的汉字之一，最早见于甲骨文，是一个会意字。因此，要探讨"福"最原始、最本真的含义，首先应该追本溯源，从字源来理解。其甲骨文字形的左边是"示"，表示祭祀用的祭台；右边的下部分是两个"手"字，上部分是一个表示酒或盛酒容器的“酉”字，“福”字的右边合在一起，意指两只手捧着酒。从字形上看，甲骨文中的“福”字是“两手捧酒浇于祭台之上”，是古人设供祭祀祈求神明庇佑的形象写照。

后来，随着社会的发展，“福”的内涵得到不断丰富、升华，概括而言，主要有以下几方面的内涵：

一是指祭祀用的供品，称“福食”“福物”。《辞海》对“福”字的解释之一便是“祭祀用的酒肉”。《周礼·天官·膳夫》曰：“凡祭祀之致福者，受而膳之。”贾公彦疏云：“诸臣自祭家庙，祭讫，致胙肉于王，谓之致福。”葛洪《抱朴子·道意》云：“然虽不屠宰，每供福食，无有限剂。”古人认为祭祀用的供品沾上了神明的福气，乃吉祥之物，谁吃谁有福，因此，祭祀完毕，要把这些供品散给众人分享，称为“散福”“分福”。众人聚在一起分享祭品，称为“享福”。众人抢食供品，称为“抢福”。古人在春秋两季都要祭祀土地神，称“春社”和“秋社”。社日这一天，大家出资分别准备酒肉等供品。祭祀完毕，众人欢聚土地庙，分享祭品。这种分享福物的习俗一直保存下来，时至今日，闽台地区仍然流传“做福”习俗。村民仿效春社的做法，大家集资准备供品祭祀神祇，祭祀完毕，一起在庙里会餐，后把剩余供品分给众人带回家。

二是指富足。“富”与“福”起源于同一个甲骨文字，均为双手捧着盛酒容器的样子。王力先生考证说：“富、福都是古入声字。富属长入，后来变为去声。古人以富为福，故‘富、福’同源。”古人多释“福”为“富”。如《释名》云：“福，富也。”《毛诗故训传》曰：“富，福也。”《礼记·郊特牲》曰：“富也者，福也。”[①] 可见，“福”“富”互解，家富则有福。

三是指诸事顺遂。《礼记·祭统》云：“福者，备也。”又说：“备者，百顺之名也。无所不顺者，谓之备。”我国最早的字书《说文解字》解释“福”为：“福，备也。”“备”即完备、一切顺利之

① 王力主编：《王力古汉语字典》，中华书局，2000年，第225页。

意。言下之意，事事顺利、一切如意即为福。张载《正蒙·至当》言："百顺之谓福。"

四指平安、无祸。《庄子》称："平为福。"《荀子·劝学》言"福莫长于无祸"，表示无祸就是最大福。《文子》说："欲福先无祸，欲利先远害。"无祸就是福，这是人们对福最低限度的定义。古代生产力水平低下，天灾人祸频发，"平安是福""无祸是福"的观念体现出人们对和平安定生活的强烈渴求。

五指"五福"。《尚书》是我国现存最早的史书，书中对"福"的含义讲得最为透彻，《洪范》篇中提出了"五福"的概念，"一曰寿，二曰富，三曰康宁，四曰攸好德，五曰考终命"。这就是说，"福"包含长寿、富贵、康宁、好德和善终五个方面。这"五福"不仅包括物质层面的富足，也包括精神层面的平静安宁、宽厚仁慈、行善积德等完美人格，概括了人们对美好生活的向往和追求，奠定了传统"五福"的基本内涵，对后世产生很大的影响，后人对福的理解，基本上是在此"五福"基础上丰富和发展。《韩非子·解老》："全寿富贵之谓福。"贾谊《新书·道德说》："安利之谓福。"东汉桓谭在《新论》中对《尚书·洪范》的"五福"概念也做了部分修改，提出"寿、富、贵、安乐、子孙众多"五福。此外，"五福"有时也指福、禄、寿、喜、财等。

总而言之，"福"是中国人几千年来孜孜追求的人生境界，反映了中华民族对幸福生活的热切追求和美好希冀。"福"内涵丰富，意蕴深厚，它囊括了人们对美好事物的追求，对幸福生活的向往，举凡吉祥如意、平安顺遂、无灾无痛、生活富足、身心康宁、子孙绵绵、福善喜庆等所有美好吉祥的事物、观念都可作为"福"的表征。"福"表现形式多样，体现在包括信仰习俗在内的日常生活的方方面面。

二、信俗的内涵、本质与特征

1. 信俗的内涵

信俗，又称民间信俗、俗信、民间俗信，是民俗的重要组成部分。从目前的研究成果来看，学术界对“信俗”的理解存在不同的看法：有的学者认为信俗是一种宗教事象，是民间宗教的一部分[①]；有的学者把信俗归入“心理的民俗”，“是以信仰为核心，包括各种禁忌在内的反映在心理上的习俗”[②]；有的学者把民间信俗等同于民俗。1985 年，为把中国民间“信仰的习俗”同“迷信”区别开来，我国著名民俗学研究专家乌丙安教授借用日本“俗信”这个词汇，在《中国民俗学》一书中率先在国内提出“俗信”这一概念，指出：“简单地说，俗信原来在古代民间传承中曾经是原始信仰或迷信的事象，但是随着社会的进步，科学的发达，人们文化程度的提高，一些迷信事象在流传中，逐渐失去了原来的神异色彩，失去了神秘力量，人们在长期生产与生活的经验中找出了一些合理性，于是把这些事象从迷信的桎梏中解放出来，形成了一种传统的习惯。这些传统习惯，无论在行为上、口头上或心理上都保留下来，直接间接用于生活目的，这就是俗信。”[③] 他认为，“在民间的经济生活与社会生活当中，从古至今始终纵横交错地表现出许许多多具有信仰色彩的事象，或表现在行为上形成了某种手段或仪式，或表现在口头上形成了一些信仰的语汇或口头文学（如神话、魔法故事、仪式歌谣和祝辞等），或表现在心理上形成了影响精神生活的某种力量。这些渗透在人们生活中的具有信仰色彩的事象，既不属于经济的民俗，又不属于社会的民俗，它们都是从人类原始思维的原始信仰中不断传承变异而来的民间思维观念的习俗惯例。

---

① 刘晓明：《中国符咒文化大观》，百花洲文艺出版社，1999 年。

② 张紫晨：《民俗学讲演集》，书目文献出版社，1986 年，第 226 页。

③ 乌丙安：《中国民俗学》，辽宁大学出版社，1985 年，第 240 页。

这些民间思维观念的习俗惯例，受到了人们的信奉，甚至成为支配人们物质生活与精神生活的重要因素。”①

2004 年以降，随着我国非物质文化遗产传承与保护工作的推进，为使民间信仰类人类非物质文化遗产代表作名录项目顺利申报和通过，乌丙安教授等民俗学专家提议将“民间信仰习俗”项目名称改为“信俗”，以取代原先的“俗信”概念，这一提议很快得到国家部委领导的批示，同意这种做法说法，并付诸非遗申报实践。2008 年，国务院公布的“第二批国家级非物质文化遗产名录”中，首次在“民俗”项目之下设置了“民间信俗”这一子项目。② 2009 年，“信俗”概念首先运用在“妈祖信俗”申报联合国“人类非物质文化遗产代表作名录”中，并最终促成了“妈祖信俗”的成功申遗。③ 此后，中国民间形形色色的神祇信仰及其习俗纷纷冠以“信俗”的名称，如“关公信俗”“伏羲女娲信俗”“临水夫人信俗”“开漳圣王信俗”等。

由此可知，作为一种“知识”和“记忆”再生产的“信俗”，源于民间神祇崇拜，是民间宗教信仰和习俗的结合体，“是一种区别于官方文化、上层文化而又在一定程度上受其影响的、具有民族民间特色的、反映民众精神生活面貌的社会文化现象”④。

2. 信俗的本质

作为社会意识形态的一种民俗传承形式，信俗有其产生、发展和演变的历史过程。

---

① 乌丙安：《中国民俗学》，辽宁大学出版社，1985 年，第 238 页。

② 王霄冰、任洪昌：《妈祖信俗的概念与内涵——兼谈民间信仰的更名现象与制度化问题》，《文化遗产》2018 年第 2 期。

③ 乌丙安、胡玉福：《“俗信”概念的确立与“妈祖信俗”申遗——乌丙安教授访谈录》，《文化遗产》2018 年第 2 期。

④ 刘德龙主编：《民间俗信与科学文化》，山东教育出版社，2002 年，第 6 页。

从根源上来讲，信俗发端于远古先民的原始崇拜。在原始社会，一方面，社会生产力极其低下，人类几乎完全处于大自然的支配之下，山、河、大地、太阳、风、雨、雷、电等自然事象直接关系到人类的生死存亡；另一方面，远古先民的认识极端贫乏，对四季更迭、昼夜交替以及风雨雷电等自然现象，既无法阻止，也不理解，以为各种自然事象都有超自然的神力，能够按照自己的意愿降祸福于人类。在这种“万物有灵”观念的支配下，远古先民拜倒在大自然的脚下，幻想通过某种方式或媒介求得大自然的恩赐，以趋吉避祸，于是在特殊的社会根源和认识根源中产生了原始崇拜。

原始崇拜的内容十分庞杂，有天体崇拜、自然力崇拜、自然物崇拜、图腾崇拜、祖先崇拜等多种形态，是信俗产生和传承的主要来源。

天体崇拜的主要对象是日月星辰。其中，以对太阳的崇拜最为突出。太阳给予人类温暖和光明，是万物赖以生存的保证，故古人奉太阳为神明，朝夕礼拜。上古神话传说、先秦文献及近现代考古发掘都证明我国早在上古社会就有朝夕迎送太阳神的习俗。殷商《卜辞》中已有许多殷人崇拜日神的记载，郭沫若称“殷人于日之出入均有祭”；《尚书·尧典》中有“宾日”于东，“饯日”于西的记载；《山海经》中还以神话的形式描述了古人想象中的太阳，称：“东海之外，甘水之间，有羲和之国。有女子名曰羲和，方浴日于甘渊。羲和者，帝俊之妻，生十日。”《礼记·月令》中记载了春夏秋冬迎日之习俗，称：“立春之日，天子亲帅三公、九卿、诸侯、大夫，以迎春于东郊。”立夏、立秋、立冬之日，也都有迎日于南、西、北郊的礼俗。月亮在黑暗中给人以光明，月亮的圆缺给人类以判断时日的标准，但在生产力和认识水平均十分低下的原始社会，人们无法正确解释日月的轮转，无法理解月亮的圆缺，于是赋予月亮以神秘的力量，对其产生崇拜。古人对月的信仰几乎与日崇拜同时产生。我国古代神话中有女娲捧月、嫦娥奔月的故事，以及月中有月精蟾蜍、不死树、玉兔等传说。关于祭月的习俗，《礼记》中记载颇多，如《礼记·祭法》中有“夜明，祭月也”的记载，《礼记·祭义》中有“郊之祭，大报天而主日，配以月”“祭日于坛，祭月于坎，以别幽明，以制上下；祭日于东，祭月于西，以别外内，以端其位”等记载。对星的信仰古已有之，我国古代神话中牛郎织女星的传说以及民间“七夕”“乞巧”习俗即是星信俗的反映。东汉许慎《说文解字》在解释星时称“万物之精，上为列星”，民间认为“天上一颗星，地上一口丁”，人间有多少人，天上便有多少星，于是便有了“星照命”，祭“本命星”“当年星”的习俗以及流星陨落就兆示有人死亡的说法。并把星辰分为吉星和灾星，吉星有紫微星、文曲星、武曲星、太白星等，民间认为皇帝乃紫微星下凡，相将是文曲星、武曲星下凡，因此民间建房都要选择紫微星照射之日。彗星被古人视为灾星，认为它的出现预示有灾祸降临人间，人们惶恐不安，甚至要做道场禳解一番。

自然力崇拜的主要对象是风雨雷电。中国是一个农业文明古国，在靠天吃饭的古代社会，气候的变化直接决定着农作物的丰歉，而气候变化莫测，富有神秘色彩。远古先民无法理解风雨雷电等自然现象，认为冥冥之中必有神明主宰着这一切，风有风神，雨有雨师，雷有雷公，电有电母，能够降祸福于人间，从而产生了对风雨雷电等自然力的崇拜。

自然物崇拜的对象十分复杂，举凡山川水火、花草石木、飞禽走兽等自然界中一切事物均可成为人们崇拜的对象。其中，对土地的崇拜最具有普遍性。土地崇拜始于远古时代，大地生长万物，哺育万物，是人类赖以生存的物质基础。古人对大地神亲近如母，称地神为“地母”或“地媪”，是赐予人类多福的女神。《礼记·郊特牲》称：“地载万物，天垂象，取财于地，取法于天，是以尊天而亲地也。”我国自古就有祭土地神的习俗，《周礼·大宗伯》有“以血祭祭社稷”之记载。对土地的信仰总是与农业的丰歉联系在一起，所以每逢播种、收割，总要祭祀大地，祝祷丰收。为了报答大地母亲的恩惠，古人也有将献祭物品埋于地下的习俗，《尔雅·释天》中就有“祭地曰瘗薶”的记载，便是古人将贵重物品埋于地下以祭地的真实反映。由于对土地的崇拜，所以中国人自古以来就有安土重迁的观念，不得任意掘土的禁忌以及讲究风水的传统。

图腾崇拜是人类原始信仰的最早形式之一，是古代在大自然信仰及动植物信仰基础上发展起来的一种具有原始氏族标志的信仰形式。“图腾”（totem）一词，最早始于北美阿尔昆琴印第安人奥季布瓦族的方言 ototeman，意为“他的亲属”或“他的氏族”的意思。1913 年，国学大师严复在翻译英国学者甄克思的《社会通诠》一书时，首次把“totem”译为图腾，成为中国学术界的通用译名。原始人认为，本氏族人都源于某种特定的动物、植物或其他物件，因此把某个特定的物种作为氏族血统的标志并当作氏族祖先加以崇拜，甚至有一些禁忌或仪式。我国古代很早就有图腾崇拜的原始记录，如《诗经·商颂》中的“天命玄鸟，降而生商”、《竹书纪年》中的高辛氏之妃简狄吞玄鸟卵生商始祖契等，都是关于殷商始祖图腾的记载。图腾信俗在我国少数民族地区更是普遍存在。

祖先崇拜也称“祖灵崇拜”，是流传时间比较长、范围较广的一种原始信仰形式，是由原始社会灵魂崇拜观念发展而来的。先民们相信人有灵魂，人死后灵魂不灭且具有非凡的能力和作用，可以变化形态，降祸福于人。灵魂有善灵和恶灵之分，生前为善者，或善死者，为“善灵”，可以庇佑后代，赐福于人；生前为恶者，或非正常死亡者，为“恶灵”，会为恶一方，祸害百姓。为祈福避祸，人们采取种种祭祀仪式和手段，甚至设立鬼节，亲近善灵，讨好或驱除恶灵。如农历七月俗称“鬼月”，农历七月十五俗称“鬼节”。按照民间说法，农历七月初一这一天，阎王爷会打开鬼门关，释放那些被禁锢的孤魂野鬼。因此，民间有“七月半，鬼乱窜”的民谣。为了免受这些孤魂野鬼的侵害，人们往往要举行一些祭祀仪式，要摆设供品、焚香化纸、念诵经文、设馔施粥、放河灯、焚法船等，以讨好这些鬼魂，祈求他们不要危害人间。

祖先崇拜是鬼魂信仰的升华，先民们相信祖先的灵魂可以庇佑和赐福血亲宗族，是家族或家庭的保护神，要隆重祭祀，以答谢祖先的眷顾之恩，祈望祖先呵护子孙、保佑家族兴旺繁盛和世系传递。我国自古就有对原始先祖的崇拜，史前时期的盘古、有巢氏、燧人氏、伏羲氏、炎帝、黄帝等，都被奉为中华民族的人文始祖。夏商周时期，敬天法祖已成为国家的最基本信仰，《礼记·祭统》称之为“治国之本也”。秦汉以后，祖先崇拜成为最重要的习俗，受到上至统治阶层下至民间的高度重视，祖先被奉为神明，追祭崇拜祖先的观念深入人心，在一些特定的日子里要举行各式各样的祭祖活动，形成丰富多彩、富有地方特色的祭祖习俗。

伴随家族祖先崇拜而生的是行业祖先崇拜。当手工业从农业生产中分离出来以后，各种民间职业群体纷纷产生，如铁匠、木匠、泥瓦匠、石匠、陶瓷匠、印染匠、刻书匠等。许多家庭世代从事某种手工业，成为职业世家。职业世家的手工技艺是以家族或家庭为基础的祖传行业，具有浓厚的祖先崇拜意识，特别崇拜某一行业的开山始祖，即“祖师爷”。这些“祖师爷”不但被视为本行业的开山鼻祖，而且被奉为本行业的保护神。因而，民间有“三百六十行，行行有祖师爷，业业有守护神”的说法。在中国，各个行业普遍流行奉祀祖师爷的习俗，逢年过节要举行祭祀祖师爷的礼仪，“这种祭拜活动与家族祭祖的崇拜观念是相似的，都希望通过祭祀祖神，祈求生意兴隆繁盛”①。

民间信俗来源于原始崇拜，纵观中国民间林林总总的各种信仰及其习俗，既有科学的、积极健康向上的内涵，也有不科学的、消极颓废落后甚至荒诞不经的成分，但不论是哪种类型的信俗，其本质无不从正面或反面展现了人们趋吉避祸的心理，表达了人们向往生活富足、健康长寿、子孙绵延、家族兴旺、国泰民安的良好愿望，它“虽然没有雅文化的精致、大传统的高深，但其内核则体现

① 林国平、彭文宇：《福建民间信仰》，福建人民出版社，2001 年，第 98 页。

了雅文化的精神”[1]，反映了人们对美好幸福生活的期冀和追求，蕴含有极为丰富的“福”文化内涵。

3. 信俗的特征

乌丙安教授指出民俗具有历史性、地方性、传承性和变异性的特征，“在时间上，民俗的特征是以历史时代的特色标志的，所以通常又叫作历史性特征；在空间上，民俗的特征是以地区特色标志的，所以通常又叫作地方性特征；民俗在其活动过程中所显示出的运动规律，又具有明显的世代传承及不断变化的特点，所以通常又把这些称作传承性和变异性特征”。[2] 那么，作为民俗重要组成部分的信俗，也应具有这几个方面的特征。除此之外，信俗还有其他几个基本特征：

（1）功利性

如上文所述，信俗来源于民间形形色色的神祇信仰，民间信仰与佛教、道教等正统制度化宗教不同，它没有成佛、成仙的终极追求，一般民间信俗的最主要目的从来就不是追求终极的解脱，而是为了祈福禳灾，希望通过祭拜神明，能够从中得到种种好处，诸如人丁兴旺、逢凶化吉、五谷丰登、财运亨通、风调雨顺等等。人们虔诚祭拜鬼神，甚至不惜斥巨资为各种神明营建豪华壮丽的宫观庙宇，是因为在普通老百姓看来，这些神明能“生人福人”，掌握着“祸福之枢”，对神明顶礼膜拜，用不同的方式娱神酬神，讨好神明，就可以得到神明的庇护，达到避凶趋吉、祈福禳灾的目的。如腊月二十三或二十四祭灶神是我国大江南北共同的习俗，民间说法，是日灶神要上天拜见玉帝，所以家家户户要摆上丰盛的供品，恭送灶神上天，也是通过媚神，达到使灶神上天多言好事、带回吉祥的目的。

---

① 林国平、陈静：《闽台民间信俗的文化内涵与现代价值》，《福州大学学报（哲学社会科学版）》2014 年第 1 期。

② 乌丙安：《中国民俗学》，辽宁大学出版社，1985 年，第 34 页。

信俗的这种功利性特征反映在神明的职能上，表现为几乎所有的神明都有一定的职能，诸如祈雨旸疫疠、捍灾御患、御寇弥盗、平息风涛、保佑发财、送子、官运亨通、预言吉凶等等，不少神明往往还身兼数职，以满足信众的需求。这些神明的职能与百姓日常的生产生活密切相关，是百姓根据自己的需要赋予不同神明的。

信俗的功利性特征还体现在不同阶层的信仰习俗有所不同。对于农民而言，他们最关心的是五谷丰登，因此，他们的信仰习俗大多离不开农业生产。每年春秋二季，各地农民都要祭拜土地神，俗称"春祈秋报"，祈求和答谢土地神赋予的五谷丰登。如遇旱涝灾害，农民则会到神庙祈求雨旸。渔民和航海者则崇拜职掌风涛的海神，祈求风平浪静，海上作业一帆风顺。手工业者和艺人不仅有各自的祖师爷崇拜，每月农历初二、十六日还要祭拜土地公，俗称"做牙"或"牙祭"，以祈求平安通达。商人多供奉财神，祈求财运亨通，生意兴隆。文人士大夫多信仰文昌帝君和魁星，祈求文运昌盛、金榜题名。

（2）多样性

在一般老百姓的观念中，多一个神明，就多一层保护，神明越多，得到的庇护越多。因此，在万物有灵观念及功利性心理的支配下，中国民众创造了大量的神明，上至日月星辰、风雨雷电，下至氏族祖先、历史人物、僧侣、道士，甚至各种飞禽走兽、花草木石等，都可以成为人们崇拜的对象。形形色色的神明信仰活动，由于历史的长期积淀，逐渐与各地的民俗活动相结合，成为区域社会或某个阶层、某个社区多数成员参与、富有地方特色的信仰习俗。

以古代福建为例，闽人历来"信巫鬼"，福建境内的神祇可谓无处不有，数不胜数，既有闽越族遗存下来的鬼神崇拜，也有中原及国外传入的各种神明，还有妈祖、临水夫人、保生大帝、清水祖师、三平祖师等土生土长的各种天神地祇，仅《八闽通志·祠庙》中列举的福建民间俗神就多达 119 个，当然实际数字远不止这些。因此，福建境内的信俗蔚为壮观。

（3）融合性

中国的民间信仰带有明显的融合性特征。由于老百姓祭拜神明的目的是祈福禳灾，他们关注的是自己祈求的愿望能否实现，至于所祈求的神明是何方神圣，他们并不在乎。在中国老百姓看来，神明是不分家的，哪个神明灵验就拜哪个神。因此，在中国民间数不胜数的宫观寺庙中，不同神明共处一室、共同享受善男信女香火的现象相当普遍。如福建莆田黄石的玉溪祠内供奉有30多位神明，既有佛教、道教，也有三一教及其他民间神明，几乎成为莆田神佛世界的缩影，正殿除了供奉三一教主林兆恩及其弟子卢文辉、张洪都、李明灯外，还有孔子、老子、释迦牟尼三身合一像，左侧配殿有文昌帝君、北斗急行星君、朱衣先生、破寇将军。右侧配殿有关羽、观音、张飞、鹿儿老母及其儿子等；后殿有玄天上帝、慧靖先师、杨五郎、天神、释迦牟尼、灵官大帝、玉帝、普化天师、天官、水官、火官等，左右配殿分别供奉赵玄坛、关羽和温元帅、马元帅等，在莆田地区流行的神佛几乎共聚一堂。如此众多且来路不同的神明同住一个庙宇之中，集中体现了民间信俗的融合性特征。

（4）区域性

因受自然地理条件和方言的影响，不同区域所崇拜的神明不同，信俗也就各异，表现出明显的区域性特征。众所周知，中国有56个民族，语言众多，仅汉语就有八大方言，不同民族、不同方言区流传的主要信俗迥异。以福建为例，境内有七大方言区，即闽东方言区、兴化方言区、闽南方言区、闽中方言区、闽北方言区、闽客方言区和闽赣方言区，不同方言区内的信俗存在明显的差异，如临水夫人信俗主要在以宁德古田、福州为信仰中心的闽东方言区内流传，保生大帝、清水祖师信俗主要在以泉州、厦门、漳州为信仰中心的闽南方言区内流传，定光古佛信俗主要在以龙岩武平为信仰中心的闽客方言区内流行。即使在同一个方言区内，不同府、州、县、村所崇奉的保护神不同，信俗也不同。比如在闽南方言区内，漳州府内主要流行开漳圣王信俗、三平祖师信俗，永春州的永春、德化，泉州府的安溪等县主要流行清水祖师信俗，泉州府南安县主要流行广泽尊王信俗，兴化府的府城及沿海的秀屿、涵江、枫亭等地广泛流行妈祖信俗，兴化府仙游县游洋镇主要流行吴圣天妃信俗，仙游县赖店镇主要流行法主仙妃信俗。

（5）宗族性

信俗的宗族性特征在祭祖习俗中体现得最为突出。祭祖是广泛流传于神州大地的习俗之一，按祭祀地点的不同，大致可以把祭祖仪式分为家祭、墓祭和祠祭三种。

顾名思义，家祭是指在家庭住所祭祀祖先，其规模小，祭祀较为简单，且随意性大，随需随祭或遇事则祭。

墓祭是指在祖先坟墓举行的祭祀，通常可分为家庭式墓祭和家族式墓祭两种形式，其中，家庭式墓祭以家庭为单位，祭祀对象习惯上限于父、祖两代，祭仪较为简单，祭祀时间灵活。家族式墓祭以家族为单位，祭祀对象为家族共同的祖先，祭祀时间固定，通常有春秋两祭，仪阵队伍庞大，多则数百人，少则数十人，祭仪隆重完备，祭品丰盛，鞭炮齐鸣，啰鼓喧天，场面十分壮观。有些家族在墓祭完毕，往往还要搭台演戏，大摆宴席。对此，淳熙《三山志》卷四十《岁时》就记载道："州人寒食春祀，必拜坟下。富室大姓有赡茔田产，祭毕，合族多至数百人，少数十人，因是燕集，序列款昵，尊祖睦族之道也。"①

祠祭则是指在家族祠堂里举行的祭祖活动。据史料记载，家族修建祠堂始于南宋，明中叶以后蔚然成风。祠堂既是家族重大礼仪活动中心，也是家族的象征。古人认为"祠则祖宗神灵所依，墓乃祖宗体魄所藏。子孙思祖宗不得见，见其所依所藏之处，如见祖宗

① （宋）梁克家修纂，福州市地方志编纂委员会整理：《三山志》卷40《岁时》，海风出版社，2000年，第641页。

焉”，因此，对祖宗要“时而祠祭，时而墓祭，必加敬谨”。[①] 在祠堂祭祀祖先“是家族祭祖活动中规模最大、礼仪最隆重的一种”[②]，祠祭一般也有春秋两祭，具体祭日因族而异。祠祭注重排场，讲究繁文缛节。民国《南安县志》卷九《风俗》载称：“泉俗祭礼，凡世家巨族每于冬至祭始祖，前一日设位、陈器、省牲、具馔。祭时，主祭盛服就位，引赞、通赞、读祝，俱序立。主祭奉神主出，就正寝降神、参神、进馔，初衔、亚衔、终衔，侑食受胙，辞神纳主。”祠祭前一日要设位、省牲，祭祀中行三献礼，其仪礼之繁复、场面之盛大，由此可见一斑。

（6）神秘性

信俗发轫于形形色色的民间信仰，而神秘色彩都是民间信仰特有的标志，诚如乌丙安教授所指出的：“神秘性是信仰传承十分突出的一个特征。”[③] 正因为如此，民间的信仰习俗往往笼罩着一层神秘的色彩，不易为人们所理解。比如，在中国传统社会，多子多福、儿孙满堂是人们追求的家庭生活目标。而古代医药卫生条件十分落后，为了早生贵子、人丁兴旺，人们往往寄希望于神明庇佑，各种祈子习俗便应需而生，如我国北方的“拴娃娃”、闽台地区的“换花”“请鞋”等。在天津民间，久婚不孕的妇女要在农历初一或十五到天后宫求子，焚香祷告，祈求天后娘娘赐予一个聪慧子嗣之后，来到“娃娃山”，相中一个小泥娃，用红色绸带拴在娃娃脖颈上，将娃娃供奉在大殿供案上，而后抱着娃娃，口中默念“孩子和妈妈回家”，径直回家，将娃娃放在床头，据说不久便会有身孕，十分灵验。天津民间唱本《拴娃娃》中就描述了刘二姐拴娃娃的详

---

① 浦城《龙泉季氏宗谱》卷 1《谱训》。转引自林国平、彭文宇：《福建民间信仰》，福建人民出版社，2001 年，第 112 页。

② 林国平、彭文宇：《福建民间信仰》，福建人民出版社，2001 年，第 112 页。

③ 乌丙安：《中国民俗学》，辽宁大学出版社，1985 年，第 275 页。

细过程和心理。闽台地区，结婚数年未曾生育的女子，多有到临水夫人庙或妈祖庙求子嗣，焚香祷祝之后，取神像案前花瓶内的一枝花回去供奉，称为“请花”。“请花”仍不孕者，要“偷”回神像脚上的一只鞋回去供奉，称为“请鞋”。俗话说：“人有生老三千疾。”闽台民间俗谓人从出生到成年会遇到许多关煞，如深水关、落井关、五鬼关、汤火关、天狗关、白虎关、浴盆关、雷公关、断桥关、百日关、千日关、铁蛇关、将军关、夜啼关、水火关、阎王关、急脚关等，如过不了这些关煞就会夭折，所以要请神帮助孩子顺利“过关”。“过关”要举行一定的仪式，《福州地方志》载道：“过关的形式，以竹支架，用纸糊作城门形，由道士穿‘娘奶’的法衣，口吹号角，引护小孩过关，意为如此小孩便易成长，一直到十六岁为止。”① 再如，古时，用念诵“天皇皇，地皇皇”的办法诊治夜哭郎，用夹衣“叫魂”的办法诊治小儿惊吓等。所有这些，都带有极为浓厚的宗教神秘色彩。

（7）传承性

民间信俗是劳动人民在长期生产生活过程中形成的一种约定俗成的传统理念，它由信仰习惯相沿成习，通过口传心授、口耳相传的方式一代代传承下来。

信俗是特定历史阶段的产物，体现了时人的人生追求和价值观念。虽然民间信俗中不乏落后、愚昧乃至迷信的成分，但也包含有不少合理的、科学的因素。如上文提到的祈子习俗，对身处现代社会的我们而言，显得十分愚昧可笑，但在医学知识十分匮乏的古代，有些人因各种非生理原因长期不育，她们到宫庙祈子，庙祝往往会传授一些科学的生育知识，或对她们进行心理疏导，或提供一些治疗不孕的秘方，有时确实起到治疗的效果。再如，古代，医疗卫生落后、生活物资匮乏，人口死亡率高，有研究表明，“在中国

---

① 中国人民政治协商会议福建省福州市委员会文史资料工作组编：《福州地方志（简编）》（下），1979年，第94页。

封建社会里，出生率一般在35‰～40‰，而死亡率在25‰～30‰，人口自然增长率为10 ‰左右。根据这个估计，每一个人成活以至成年将有2. 5个人夭折死去。尤其婴幼儿大量夭折更是不计其数。"[①] 闽台民间所谓的"关煞"，其中有不少（如落井关、深水关、汤火关等）与婴幼儿成长过程中经常遇到的溺水、火灾等威胁契合。过关习俗实际上是"以神秘的'关煞'形式来普及育养知识，用宗教信仰来告诫民众在育儿中应特别注意的事项"[②]。民间广泛流行的普度习俗虽是一种带有浓厚迷信色彩的活动，但其主要目的是为了济生度死，拔度罪魂，祈福禳灾，体现了人类对美好生活的永恒追求。普度中举行的一系列祭祀活动也给普通民众带来心灵的慰藉和安宁，一定程度上促进人际关系的和谐。这些都是隐藏在神秘的宗教信仰外衣之下的"合理"因素。

民间信俗是劳动人民共同创造的精神财富，蕴含着先人无穷的智慧。经过历史的长期积淀，民间信俗早已走出单纯的民间信仰殿堂而形成一种影响广泛的民俗文化，内容涉及政治、经济、军事、文学、艺术、宗教、医药学、养生学等多个领域，具有重要的研究和保护价值。不少信俗成为非物质文化遗产，在维护家庭和睦、社会安定，促进文化交流与经贸合作、强化文化认同等方面发挥着独特的作用，值得我们去芜存菁，一代一代传承下去。

---

① 刘岚：《对"古代中国人寿命与人均粮食占有量"的质疑》，《人口研究》2002年第2期。

② 林国平、陈静：《闽台民间信俗的文化内涵与现代价值》，《福州大学学报（哲学社会科学版）》2014年第1期。

第一章 闽台信俗源流概论

任何一种文化，都是在一定的自然和社会历史条件下产生和发展起来的。民俗是一种社会文化现象，它的形成、发展和传承等过程建筑在社会变迁的基础上，是特定自然条件和社会条件的产物。自然地理环境对民俗的巨大影响，我国古人早就有所认识，如《礼记·王制》曰："天地寒暖燥湿，广谷大川异制，民生其间者异俗。"汉代司马迁在《史记·货殖列传》中更是详细阐述了地理环境对民俗的影响，称："夫三河在天下之中，若鼎足，王者所更居也，建国各数百千岁，土地小狭，民人众，都国诸侯所聚会，故其俗纤俭习事。""种、代，石北也，地边胡，数被寇。人民矜懻忮，好气，任侠为奸，不事农商。""齐带山海，膏壤千里，宜桑麻，人民多文采布帛鱼盐。临菑亦海岱之间一都会也。其俗宽缓阔达而足智，好议论，地重，难动摇，怯于众斗，勇于持刺，故多劫人者，大国之风也。"明代王世懋言："闽上游诸郡人皆食山自足，学举子业，不求甚工；漳穷海徼，其人以业文为不赀，以舶海为恒产。故文则扬葩吐藻，几埒三吴；武则轻生健斗，无事不令人畏。"① 清代郭起元亦云："海民习鱼盐嬴蛤之利者，冒险取之，逸获而利饶，故惰于耕耘。不知民惟耕耘则气朴而质固，习勤而善生，古称孝弟

① 乾隆《海澄县志》卷15《风土志·风俗考》。

始于力田者，良不诬也。”[①] 因此，要探讨闽台信俗中的“福”文化内涵，首先应该从闽台社会变迁的角度去把握，从闽台人民所处的自然与人文社会环境中，去把握闽台信俗的特质。

本章以历史先后为序，将闽台信俗置于广阔的社会大背景中，从时间纵向维度中梳理闽台信俗的起源、形成与传承的历史脉络，探讨闽台信俗形成、演变的时代背景与地域因素，从自然地理及人文环境考察不同历史时期闽台人民对幸福生活的期冀与追求在信俗中的反映。

第一节　秦汉以前的闽台社会与信俗

一、秦汉以前闽台自然与社会概述

闽台民间信俗的产生和发展，与闽台地区的自然和人文环境密切相关，具有独特的地域色彩。

1. 闽台自然环境

福建位于我国的东南沿海，位于北纬 23°31′至 28°18′、东经 115°50′至 120°43′之间，东南隔台湾海峡与台湾隔海相望，东北与浙江省毗邻，西面、西北与江西省交界，西南与广东省相连。台湾古称夷洲、流求或琉求、瑠求、琉球，位于我国大陆东南的海域，与福建大致处于同一纬度，东临太平洋，西隔台湾海峡与福建省隔海相望。闽台两地同属欧亚大陆板块，台湾海峡原为华夏古陆的一部分。在第三纪中新世前后，由于海峡地壳断陷，闽台两地被海洋分隔开来。第四纪更新世以来，受全球性气候影响，海水大幅升降，闽台两地陆地曾数度连接和分离，其中最后一次分离是在距今 1.4 万至 1.2 万年之间。

在《汉书·严助传》中，淮南王刘安曾详细地向汉武帝介绍闽

① 道光《重纂福建通志》卷 55《风俗》。

越国的地理与自然环境，称闽越国“地深昧而多水险……以地图察其山川要塞，相去不过寸数，而间独数百千里，阻险林丛弗能尽著”，“入越地，舆轿而逾领，柁舟而入水，行数百千里，夹以深林丛竹，水道上下击石，林中多腹蛇猛兽。”

闽台两地地质地貌相似，其地理特点是依山傍海，境内峰岭耸峙、丘陵起伏，河谷、盆地穿插其间，江河溪流纵横蜿蜒，沿海冲积平原土地肥沃，大小岛屿星罗棋布。福建地势特点为西北高东南低，横断面略呈马鞍形，全省80%以上的面积为山地、丘陵，素有“八山一水一分田”之称，而台湾山地约占全岛面积的2/3。闽台多山，森林资源丰富，盛产松木、杉木、毛竹、笋干、香菇、药材等。

闽台濒海，福建海岸线曲折，陆地海岸线总长度达3752千米，有许多天然良港，沿海岛屿1500多个。台湾四面环海，海岸线近1600千米，岛屿80多个，有高雄、基隆等良港。闽台地处东海与南海的交通要冲，沿着海岸线北上可至日本，南下可抵东南亚地区、东非，历史上是海上丝绸之路的起点，也是海上商贸集散地。福建地狭人稠，宋代以降，许多人以海为生，从事海上贸易或移民海外。福建自古海洋文明与农业文明并存。

复杂多样的地理环境、特殊的地形和水文特征，使古代闽台交通相对不便，造就了闽台丰富多彩的民俗。

2. 秦汉以前的闽台社会

闽台地区历史悠久，考古发掘表明，早在18万年前的旧石器时代，就已经有人类在此繁衍生息。1999—2000年，考古专家在福建省三明市三元区岩前镇岩前村万寿岩灵峰洞发掘出70余件石制品及若干动物化石，经铀系法测定，年代距今约18万年。此外，在漳州市莲花池山、甘棠山，东山县，三明市清流县，南平武夷山市，宁德霍童等地都发现有旧石器遗存。旧石器时代，人们靠采集、渔猎为生。福建自然地理条件优越，雨水充足，气候温暖，江河纵横，各种动物、花果、嫩叶、贝类资源丰富，为古人类提供充足的食物来源。

距今大约7000年前，福建进入新石器时代。目前已发现的福建新石器时代文化遗址，主要分布在溪河两岸和沿海岛屿。从挖掘到的大量石锛、石斧、石镰、石刀、蚌刀、陶网坠、石镞、骨镞、骨针、纺轮等可知，新石器时代的福建已经有了比较发达的农业、渔业、制瓷业、畜牧业和纺织业。

夏商周时期，福建称“闽”“七闽”。《山海经》卷十《海内南经》曰：“闽在海中，其西北有山，一曰闽中山在海中。”《周礼》称：“职方氏，掌天下之图，以掌天下之地，辨其邦国、都鄙、四夷、八蛮、七闽、九貉、五戎、六狄之人民。”汉代经学家郑玄在注解“七闽”时称：“闽为蛮之别种，而七乃周所服之国数也。”说明当时“七闽”是周朝统治下的南方七个部落，属于“蛮之别种”。由于金属工具的使用和推广，夏商周时期，福建农业、手工业有了长足的进步，在福建商周时期的墓葬中发现的大量酒器表明，当时粮食产量增加，社会经济文化得到进一步发展。

春秋战国以后，人们称福建为“越”“东越”“东瓯”“闽越”“闽中”等。春秋战国时期，我国东南为百越聚居地。《汉书·地理志》颜师古注引臣瓒曰：“自交趾至会稽七八千里，百越杂处，各有种姓。”这里“百越”是统称，具体而言有“扬越”“干越”“闽越”等，福建是闽越人聚居的地方。相传闽越贵族为春秋时代越王勾践的子孙。

闽台之间地缘相近，血缘相亲。早在远古时代，闽台之间就有人员和文化往来。秦汉以前，居住在台湾的居民，其中非常重要的一支是从福建迁入的闽越人。众所周知，闽台同属欧亚大陆板块，在距今约7万—1万年前的第四纪末次冰期，福建与台湾曾数度相连，当时漳州东山岛有一条陆路直通澎湖和台湾，这就是东山陆桥。闽台间动物可以自由迁徙，植物可以互相传播，人类更可以自由往来。福建的东山人和海峡人便是这个时期生活在台湾海峡东山陆桥和海峡陆地的史前人类代表。台湾旧石器时代的左镇人、长滨人使用的生产工具和他们的生活习性，与福建万寿岩船帆洞时期、漳州莲花池山文化遗址时期人类及清流狐狸洞人等史前人类，有着许多共同之处。[①] 目前发现台湾岛上有 64 种兽类是从大陆迁徙到台湾的。[②] 在距今约 12000—6000 年前，由于地壳运动，闽台间的陆体联系被淹没于万顷波涛之下，逐渐形成波涛汹涌的台湾海峡。即便如此，闽台两地依然保持着密切的联系。考古发现，海峡东岸的台湾大坌坑文化、凤鼻头文化、圆山文化、芝山岩文化与海峡西岸的福建壳丘头文化、昙石山文化、黄瓜山文化有很大的一致性，说明两岸先民凭借着地缘相近，乘风破浪，持续深入来往。

二、秦汉以前的闽台信俗

受中华传统文化及闽台特殊的自然、社会、历史等因素的影响，至迟在 4000 年前闽台地区就已经有了原始宗教信仰。此后，闽台地区的民间信仰不断发展，逐渐形成了“好巫尚鬼”的传统。翻开各种方志，“邑人贵巫尚鬼”“专事师巫，不任医药”“病痛不用药，祭鬼以祈福”“信鬼尚巫”“好巫信鬼”等字眼随处可见。北宋时，蔡襄就曾指出：“闽俗左医右巫，疾家依巫索祟，而过医门十才二三，故医之传益少。”[③] 他对这种信巫不信医的陋习深恶痛绝，曾大力提倡医药，“谓莆人巫觋主病，宜痛断绝，因择民之聪明者，教以医药，使治疾病”[④]。试图通过教人医药知识来改变信巫不信医的陋习，但积重难返，收效甚微。这种陋习直到民国时期在福建各地仍普遍存在。明代闽人谢肇淛在《五杂俎》也指出：“今之巫觋，江南为盛，而江南又以闽、广为甚。闽中富贵之家，

① 王碧秀：《五缘文化与两岸关系》，同济大学出版社，2010 年，第 81 页。

② 吕良弼：《五缘文化力研究》，海峡文艺出版社，2002 年，第 135 页。

③ （明）黄仲昭：《八闽通志（上）》卷 85《拾遗》，福建人民出版社，1991 年，第 988 页。

④ 乾隆《海澄县志》卷 15《风土志》。

妇人女子，其敬信崇奉，无异天神；少有疾病即祷赛祈求无虚日，亦无遗鬼。楮陌牲醪相望于道，钟鼓铙铎不绝于庭。”① 近人胡朴安《中华全国风俗志》所录《闽人佞鬼风俗记》亦称：“中国人迷信鬼神，崇拜偶像，各地皆有此风，不足为奇。惟闽人佞鬼，想入非非，有出寻常意料之外者。其种种动作，皆足令人绝倒。”② 好巫尚鬼的传统为福建民间信仰的发展提供了肥沃的土壤，图腾崇拜、祖先崇拜、自然神崇拜、行业神崇拜等无处不在。在古代闽人看来，各种自然物、自然现象和人一样都是有灵魂、有意识的，能够降祸福予人类。在这种万物有灵观念的影响下，闽人创造了成千上万的神明，自然界中的万事万物，上至日月星辰、风雨雷电，下至各种飞禽走兽、种种植物乃至非生物，都可以成为他们崇拜的对象。

秦汉以前，闽台地区“以灵魂不死、万物有灵、图腾崇拜、祖先崇拜为主要内容”③ 的原始宗教和巫术盛行。这些原始崇拜和巫术活动，虽带有浓厚的宗教神话色彩，但揭开这些宗教的神秘外纱，追本溯源，我们会发现，原始宗教和巫术的本质目的是趋福避祸，它深刻反映了远古先民对平安幸福生活的向往与追求，是“福”文化在宗教信仰领域的体现。

1. 灵魂不死观念

考古表明，我国在旧石器时代晚期已出现安葬习俗，表明当时已有灵魂观念。进入新石器时代以后，生活相对安定，有了较为固定的住所，人类就会在住处附近选择适当区域，作为埋葬死去亲人的墓地，并随葬物品，这反映了新石器时代，人类的灵魂不死观念进一步深化，说明古人事死如事生，希望死者的灵魂仍然和亲人在一起，保佑氏族生产和生活安全。

---

① （明）谢肇淛：《五杂俎》卷6《人部二》，远方出版社，2005年，第161页。

② 汪毅夫：《闽台历史社会与民俗文化》，鹭江出版社，2000年，第73页。

③ 林国平、彭文宇：《福建民间信仰》，福建人民出版社，2001年，第1页。

闽台地区僻处东南，远离中原地区，文化经济发展相对滞后。考古发现，大约在新石器时代的中晚期，闽台地区也产生了灵魂不死的观念。福建新石器时代文化遗址中，最重要的是昙石山文化遗址，据专家考证，该文化遗址距今大约五千年左右。昙石山文化遗址中挖掘出许多石器、陶器、牙齿等墓葬品，说明当时福建先民认为人的躯体虽然死亡了，但主宰躯体的灵魂是不灭的，它仍存在于另一个世界，同样需要生产和生活，将生前物品随葬墓中，寓意让他得以在另一个世界继续使用。

到了夏商周时期，即考古学上所说的青铜时代，闽台地区的悬棺葬习俗更是深刻反映了闽台人民的灵魂观念和在此基础上发展起来的祖先崇拜。悬棺葬是将盛放死者遗体的棺木放置在悬崖绝壁上的一种奇特葬俗，放置方法有洞穴安放，也有凌空悬放。这种葬俗在我国古代包括福建、台湾在内的南方地区颇为流行，福建武夷山地区尤为盛行。关于武夷山悬棺葬的记载最早见于《太平御览》："武夷山高五百仞，岩石悉红紫二色，望之若朝霞，有石壁峭拔数百仞于烟岚之中，其石间有木碓、砻、簸、箕、箩、箸、什器等物，靡不有之，顾野王谓之地仙之宅，半岩有悬棺数千。"[①] 1978—1979年，考古工作者对武夷山悬棺葬遗迹进行全面的田野考察，发现悬棺葬分布甚广，在武夷山风景区方圆60公里内均有遗迹。悬棺为楠木砍削成独木舟形状，棺内有竹席、棉布、麻布、龟形木盘等物品。悬棺葬习俗既体现了古人的灵魂观念和祖先崇拜，也反映了古人的趋吉避凶观念。比如，龟自古以来被人视为吉祥之物，商周时代把龟甲用于占卜，悬棺葬中龟形木盘"是生者为死者提供一种吉祥物的祭祀器皿"；悬棺于悬崖峭壁之上则是依据"争挂高崖以趋吉""以先堕者为吉"的观念，寓意让死者灵魂早日升天。[②]

---

① （宋）李昉等：《太平御览》卷47《武夷山》，上海商务印书馆，1935年。

② 徐晓望主编：《福建通史》（第一卷·远古至六朝），福建人民出版社，2006年，第111—112页。

2. 自然崇拜

在灵魂不死观念的支配下，古人进而认为自然界中的各种事物也有不死的灵魂，且具有超自然的力量，能够给人类带来吉祥或灾难，从而产生了对各种自然物象的崇拜。由于闽台特殊的自然地理环境，动植物崇拜特别盛行，其中蛇还被闽越人奉为图腾加以崇拜。

（1）蛇崇拜

福建地处亚热带，森林茂密，杂草丛生，江河水塘密布，毒蛇出没，经常威胁到人类的生命安全。据调查，至今福建尚有 70 多种蛇类，几乎占全国现存蛇种数的一半，其中毒蛇有 27 种，约占全国现存毒蛇种数的 60％。① 秦汉以前闽越族多居住在山野溪谷、江河湖泊之间，长期与蛇打交道。在闽越人看来，蛇是神奇的动物，它来无影去无踪，水陆两栖，无足无翼却能窜突腾空，蛇体型虽小，却能伤害人畜甚至毒死或吞食凶猛的野兽，因而闽越人对蛇产生极大的畏惧，进而产生崇拜。

秦汉以前，闽越人把蛇视为氏族图腾，认为自己是蛇的后裔。东汉许慎《说文解字》在释“闽”字本义时说：“闽，东南越，蛇种。”《太平御览》卷一七〇《江南道上·福州》亦云：“闽州，越地，即古东瓯，今建州亦其地，皆蛇种。”西汉元封元年（前 110），汉武帝派大军入闽，闽越国灭亡。之后，汉武帝“将其民徙处江淮间”，但闽越人并没有因此灭亡，为逃避汉军追捕，一部分闽越人或躲入深山老林，或遁入海中，蛇图腾崇拜因此保留下来。清代施鸿保《闽杂记》卷九《蛇簪》载称：“福州农妇多带银簪，长五寸许，作蛇昂首之状，插于髻中间，俗名蛇簪……簪作蛇形，乃不忘其始之义。”

与蛇图腾崇拜相辅相成的断发文身习俗在秦汉以前的闽越人当

---

① 林国平、彭文宇：《福建民间信仰》，福建人民出版社，2001 年，第 53 页。

中十分流行。古人认为将图腾图像文在身上，可借助图腾祖先的神秘力量，避免灾害，保护生命。汉代刘向《说苑·奉使》记载，越人“剪发文身，烂然成章，以像龙子者，将避水神也。”《汉书·严助传》说：“越，方外之地，劗发文身之民也。”《淮南子·原道训》云：“九疑之南，陆事寡而水事重，于是民人披发文身以像鳞虫。”高诱在注《淮南子·原道训》时说：“文身刻画其体，内默其中，为蛟龙之状，以入水，蛟龙不害也。”所谓“鳞虫”“蛟龙”实际上都是蛇的代称和神化。直到现代，闽台民间仍有文身可镇邪避恶之说。

由于台湾高山族先民大部分来自大陆的古越人，因此也存在崇蛇和文身习俗。如一些高山族“常于祖堂门首，挂设蛇相，而于祭祀时，则移于祖堂中央”①，排湾人“以蛇为祖先之化身，崇拜甚虔，在森林中设祖祠以祀祖”②。文身在台湾高山族中也十分常见。《隋书·东夷传·流求国》载：台湾“妇人以墨黥手，为虫蛇之文”。台湾这种与古越人相同的文身习俗一直保留到近代，明代张燮《东西洋考·东番考》也记载了台湾北部淡水、鸡笼（基隆）一带平埔人的文身习俗，称：“手足则刺纹为华美，众社毕贺，费亦不赀。”

时至今日，闽台民间仍有崇蛇习俗。如闽西地区长汀、连城等地，至今还有许多奉祀蛇王菩萨的蛇王宫、蛇王庙、灵蛇庙等。在漳州平和县三坪村，民众尊蛇为“侍者公”，视蛇为保佑居家平安的吉祥物，认为家里蛇越多越吉利。在南平樟湖坂，每年正月元宵都要举行游蛇灯活动，由数百块灯板连接起来的蛇灯队伍，走街串巷，蛇首上下摇摆，蛇身蜿蜒浮动，在夜幕中犹如一条巨蛇飞舞，场面十分壮观。游蛇灯活动结束后，蛇头和蛇尾灯笼要抬到当地蛇

---

① 叶国庆、辛土成：《住居我国大陆和台湾的古闽越族（哲学社会科学版）》，《厦门大学学报（哲学社会科学版）》1980 年第 4 期。

② 林惠祥著，蒋炳钊编：《天风海涛室遗稿：纪念林惠祥先生百年诞辰》，鹭江出版社，2001 年，第 84 页。

王庙焚化，祈祝蛇神上天，保佑风调雨顺、五谷丰登、国泰民安。

蛇与闽台先民的采集、渔猎生活密切相关，从畏惧蛇的毒害，敬奉蛇为本氏族的图腾，到视蛇为神明，加以立庙祭祀，反映了闽台人民的蛇崇拜不仅是一种朴素的原始崇拜，还包含有丰富的文化内涵。

（2）青蛙崇拜

早在新石器时代，百越人就开始种植水稻，在长期的生产实践中，人们发现青蛙的某种叫声预示着雷雨即将来临，但他们又不明白其中的奥秘，以为青蛙能呼风唤雨，决定着农作物的丰歉，故而视青蛙为灵物。

越人礼敬青蛙，还因为越人认为怒蛙可以激励士气，这在文献中多有记载。如《韩非子・内储说上》载："越王勾践见怒蛙而式之。"《尹文子・大道上》："越王勾践谋报吴，欲人之勇，路逢怒蛙而轼之，比及数年，民无长幼临敌虽汤火不避。"《吴越春秋・勾践伐吴外传》："（勾践）恐军士畏法不使，自谓未能得士之死力，道见蛙张腹而怒，将有战争之气，即为之轼。"

古人视青蛙为灵物，认为食蛙可以汲取蛙身上神秘的力量，使自己更加强壮，不仅可以辟邪、辟兵，不受外魔邪道侵蚀，还能延年益寿、长生不老。晋代陆机《要览》："肉芝，万岁蟾蜍，头上有角，颔下有丹书八字，名曰肉芝。以五月五日取阴干，以其足画地即流水，带之于身，能辟兵。"葛洪《抱朴子・仙药》："肉芝者，谓万岁蟾蜍。……带其左手于身，辟五兵。若敌人射己者，弓弩矢皆反还自向也。……此二物得而阴干，末服之，令人寿四万岁。"

闽越是百越的一支，对青蛙的崇拜也早已有之。秦汉以后，入闽之中原汉族也主要从事水稻种植等农业生产活动，因而承袭了越人的青蛙崇拜。直到清末，闽浙地区还敬奉青蛙神。清末施鸿保游历过闽浙地区，在《闽杂记》中他详细记载了当地崇奉青蛙神的情况，曰："青蛙神，《聊斋志异》载之。吾杭涌金门内金华将军庙，本祀吴越将曹杲，俗亦伪为青蛙。闻尝有送神来庙者，然予未之见也。及来闽后，则闻上游诸郡，祀神甚谨。延平府城东且有庙。又闻神宅在府学泮池旁，尝降乩言，本唐末武臣，死黄巢之难者。其形时大时小，所至之家，必多喜庆，若止庙社官衙，亦主地方安稳。”《闽都别记》中还记载了蛙神在永乐皇帝宫中显灵、蛙神大战张天师的故事。在闽人的传说中，蛙神法力无边，而且蛙神是一位善神、福神，能给人类带来平安吉祥，保佑一方安宁。

（3）狗崇拜

狗崇拜也是古代东南民族比较普遍存在的一种图腾崇拜。狗是人类最早豢养的动物之一，据专家考证，早在二三万年前的新石器时代，人类便开始养狗。狗不仅能驱逐小野兽，大野兽出现时，狗也能跳跃吠叫与其周旋，起到向人类报警的作用。远古时代，草莽初辟，野兽出没，人类的生存和生活环境极为恶劣，在采集、狩猎等经济活动乃至日常休息中，狗都是人类的得力帮手和忠诚守护者。在古人类看来，狗机警勇猛，是人类生产、生活的重要保障，因而产生了对狗的信仰，甚至把犬奉为图腾加以崇拜。考古专家在已发掘的福建沿海新石器时代遗址中，发现很多种类的动物骸骨，唯独没有发现狗的骨头；在昙石山文化遗址中，还有专门埋葬狗的墓葬，专家认为这应与犬图腾崇拜有关。①

福建也是畲族的主要聚居地之一，自古以来，畲族奉盘瓠（传说中的五色犬）为祖先。时至今日，畲族中不少家族仍保留着犬图腾崇拜，每年农历二月十五、七月十五和八月十五日，都要举行隆重的祭祖活动。

汉族也有信仰犬的习俗，在闽台民间普遍信仰的田公元帅庙中，多陪祀有白犬精。台湾嘉义县鹿草乡的圆山宫奉祀有王孙大使和犬公，香火相当旺盛，很多人不远千里到这里烧香礼拜，或求平安或问药治病。

---

① 徐晓望主编：《福建通史》（第一卷·远古至六朝），福建人民出版社，2006年，第49页。

（4）乌龟崇拜

乌龟自古被人们视为吉祥物。古代商把龟甲用于占卜，福建武夷山悬棺葬中龟形木盘陪葬品等，都反映了古人对乌龟的崇拜心理。乌龟崇拜在闽台地区十分普遍。“龟”与“贵”谐音，乌龟长寿，因此，老百姓视乌龟为代表福、禄、寿、喜、财的吉祥之物。客家人认为乌龟可以镇宅，因此，以前人家盖房子时，往往要抓一只乌龟埋在地基下，寓意保护全家出入平安、兴旺发达。在闽南及兴化方言区，民间普遍流行送“龟”（一种状如乌龟的米糕）习俗。如小孩满月时，外婆要送“龟”，祝愿小孩健康成长；父母做寿时，出嫁女儿要送“龟”、线面等祝贺，祈求父母健康长寿；坟墓的主体部分称“墓龟”。泉州历史上还有乞龟民俗，后失传。2007年，澎湖天后宫向泉州天后宫捐赠一只万斤米龟，供乡亲们观赏。此后，泉州天后宫每年与澎湖天后宫联合举办乞龟民俗活动。如今，乞龟活动已成为泉州天后宫的一个品牌民俗项目，吸引不少闽台两地民众参与。以上这些，都是乌龟崇拜的体现。

（5）鸡崇拜

在闽台，鸡也被人们视为吉祥物。自古以来，人们在祭祀时，以鸡为牺牲献祭，以祈求禳灾、消灾祛祸。“鸡卜”，还是秦汉时名扬天下的越巫经常使用的一种占卜方法。《史记·封禅书》中有关于汉武帝起用越巫求长生的记载，称：“是时既灭两越，越人勇之乃言‘越人俗鬼，而其祠皆见鬼，数有效。昔东瓯王敬鬼，寿百六十岁，后世怠慢，故衰耗’。乃令越巫立越祝祠，安台无坛，亦祠天神、上帝、百鬼，而以鸡卜。上信之，越祠鸡卜始用。”这是目前所见文献中，对“鸡卜”的最早记载，但越巫如何“鸡卜”，司马迁并未记载，直到唐宋以后，对“鸡卜”的记载才日见详细。唐代张守节在《史记·孝武本纪》的正义里称：“鸡卜法用鸡一、狗一，生，祝愿讫，即杀鸡狗。煮熟又祭。独取鸡两眼（应为“两腿”之误），骨上自有孔裂，似人物形则吉，不足则凶。”宋代周去非《岭外代答·志异门》中也记录了“鸡卜”的细节，称：“南人以鸡卜，其法以小雄鸡未孳尾者，执其两足，焚香祷所占而扑杀之。取腿骨洗净，以麻线束两骨之中，以竹梃插所束之处，俾两腿骨相背于竹梃之端，执梃再祷。左骨为侬，侬者我也；右骨为人，人者所占之事也。乃视两骨之侧，所有细窍，以细竹梃长寸余者遍插之。或斜或直，或正或偏，各随其斜直正偏而定吉凶。其法有一十八变，大抵直而正或附骨者多吉，曲而斜或远骨者多凶。”

此外，在古代闽人看来，龙也是富有灵性的吉祥动物，龙的出现意味着将天降祥瑞，给人带来好运，因而产生了对龙崇拜。唐宋以后，闽人将龙人格化，龙崇拜演化成龙王崇拜，视龙王为掌管雨水之神，每逢旱涝灾害，许多地方的官民都要到龙王庙隆重祭祀一番，以祈晴求雨。

3. 原始宗教舞蹈

先秦时期，福建先民对“福”文化的追求还体现在原始宗教舞蹈之中。闽越族“信鬼神，重淫祀”，巫术特别发达，而巫术的重要形式之一是通过歌舞来娱神、媚神，以祈求神明赐予幸福。在漳州华安县沙建镇汰内仙字潭发现的岩刻画像就是一组反映先秦时期福建先民用舞蹈来娱神以祈福的场景。

光绪《漳州府志》载：“长泰县良冈山，……下有深潭，不可测，周十余亩，……石壁凿成蝌蚪大篆一十九字，……人莫能识。郡守因名其地为石铭里。”① 此处长泰县良冈就是现在的华安县沙建镇汰内。仙字潭岩画早在唐代的时候就有人传拓，由于位处险绝崖壁之上，人迹罕至，一千多年来得以完好保存下来。20 世纪初以来，考古工作者、闽台文化研究专家学者对仙字潭岩刻画像进行多次详细的考察，认为仙字潭岩画为青铜时代作品，其内容基本上是“以不同形态的简化了的人形图像、人面图案及兽首为母题”，刻画的是“一幅幅群体或单身的舞蹈形象，舞者面向观众，上肢平伸，自肘部上举或下垂，多数作蹲踞或奔走状”，岩画作者描绘了

① 光绪《漳州府志》卷 48《纪遗》上。

一幅“呼之欲出的或踞或立、或奔或舞的生活、舞蹈、娱神场面”，是汰溪先民聚落生活的真实写照。[①] 仙字潭岩画反映了蛮荒时代，福建先民在与大自然斗争时的渺小与无力，面对大自然的淫威，智力未开的人类束手无措，只能寄希望于神明的庇佑，期望以舞蹈娱神、媚神的方式，祈求神明赐予平安喜乐、生活顺遂。

第二节　汉唐时期的闽台社会与信俗

一、汉唐时期的闽台社会

1. 汉唐时期的闽台社会经济文化

先秦时期，福建为楚国属地。公元前 222 年，秦将王翦率军攻克楚国，夺取吴越，秦始皇于是“降越君，置会稽郡”。同年，设闽中郡。《史记·东越列传》载：“闽越王无诸及越东海王摇者，其先皆越王勾践之后也，姓驺氏。秦已并天下，皆废为君长，以其地为闽中郡。”闽越地区被纳入秦王朝的版图。公元前 214 年，秦始皇平定岭南，置桂林、南海、象郡，并把大批中原汉人迁往岭南，与越人杂处。秦末，天下大乱，闽越王率部参加反秦斗争，《史记·东越列传》称：“无诸、摇率越归鄱阳令吴芮……从诸侯灭秦。”

汉高祖五年（前 202），刘邦封无诸为闽越王，统治闽中，定都东冶（今福建福州）。在此后的半个多世纪里，闽越国社会稳定，人民得以休养生息，社会经济文化得到较快发展，农业、制造业、纺织业、制陶业等与先秦时期相比均有长足的发展，国势日益强盛，人民或饭稻羹鱼，或火耕水耨，“果隋蠃蛤，不待贾而足，地艺饶食，无饥馑之患”，“无冻饿之人，亦无千金之家”。

---

① 徐晓望主编：《福建通史》（第一卷·远古至六朝），福建人民出版社，2006 年，第 101—102 页。

元鼎六年（前111），东越王余善公开反汉，自立为帝。面对余善的叛乱，汉武帝调遣四路大军围攻闽越国。元封元年（前110），四路大军进入闽越国，最终诛杀余善，平定叛乱。《史记·东越列传》记载，是年，汉武帝以“东越狭多阻，闽越悍，数反复”为由，“诏军吏皆将其民徙处江淮间。东越地遂虚”。闽中人口锐减，社会经济文化急剧衰落，闽中一片荒凉。直到东汉定都洛阳后，江淮流域得以大面积开发，东南经济得到较快发展，受其影响，闽中经济开始复苏。

三国时，孙吴政权在闽中设建安郡。随着社会经济的发展和户口的增加，西晋时，闽中分为建安郡和晋安郡。梁天监年间（502—519），又增设南安郡。三国两晋南北朝时期，历代统治者比较重视对闽中的开发与经营，与战乱不断的中原地区相比，福建僻处东南，受战乱影响较小，社会相对稳定，人口和经济均有明显的发展。特别是三国至唐代，中原战乱不断，为避乱，中原汉人大批南渡，出现了两次入闽高潮。

第一次为西晋末年永嘉之乱，中原士族因避乱而南渡，其中一部分人进入福建。《闽书》卷一百五十二载：“永嘉二年（308），中州板荡，衣冠始入闽者八族，所谓林、黄、陈、郑、詹、丘、何、胡是也”。乾隆《福州府志》卷七十五《外纪》引路振《九国志》说：“晋永嘉二年（308），中州板荡，衣冠始入闽者八族，林、陈、黄、郑、詹、邱、何、胡是也。以中原多事，畏难怀居，无复北向，故六朝间仕宦名迹鲜有闻者。”八大姓人家“迁到福建‘晋江’附近，人们把它定名为‘晋江’，以示自己是晋朝人。……如林姓为福建的第二大姓，林姓子孙都尊‘永嘉之乱’时南迁的晋安郡守林禄为入闽始祖”。①

第二次是在唐高宗时期陈元光大军入闽。唐高宗总章二年

① 俞祖华、杨玉好：《从“河洛人”入闽、迁台看中原文化的迁徙模式》，《烟台师范学院学报》（哲社版）1999年第3期。

(669)，闽粤之交“蛮獠啸聚”，朝廷命令河南光州固始人陈政为朝议大夫统领岭南行军总管事，率领府兵 3600 人，前往闽粤交界的绥安县地，镇抚骚乱。但由于蛮獠人多势众，陈政只得暂时屯兵于九龙岭下，一面上奏朝廷，请求增派军队。唐朝廷派陈政的两位兄长中郎将陈敏、右郎将陈敷率领府兵 58 姓将士和家属于次年南下增援。途中，陈敏和陈敷病故，由陈政母亲魏氏代领其众入闽，与陈政会合后共同进击蛮獠，深入其腹地，屯兵于绥安，从而取得入闽平乱的初步胜利。仪凤二年（677），陈政因积劳成疾病故。其子元光代父领兵，镇抚骚乱，屯垦建宅，兴水利、农桑和文化教育。后来唐王朝采纳陈元光的建议，于武后垂拱二年（686）置漳州，以陈元光为漳州刺史，时人敬其开拓之功而称他为“开漳圣王”。追随陈政父子入闽的 58 姓军校，在骚乱平定后，均定居闽地。随陈元光父子入闽的将士、眷属有 8000 余名，“有陈、许、卢、戴、李、欧、马、张、沈、黄、林、郑、魏、朱、刘、徐、廖、汤、涂、吴、周、柳、陆、苏、欧阳、司马、杨、詹、曾、萧、胡、赵、蔡、叶、颜、柯、潘、钱、余、姚、韩、王、方、孙、何、庄、唐、邹、邱、冯、江、石、郭、曹、高、钟、汪、洪、章、宋、丁、罗、施、翟、卜、尤、尹、韦、甘、宁、弘、名、阴、麦、邵、金、种、耿、谢、上官、司空、令狐、薛、蒋等姓”[①]。

这些入闽的中原汉人，不仅带来了大量的劳动力，也带来中原先进的生产技术，有力地促进了福建的开发和文化的融合，大量荒地得到开垦，耕地面积不断扩大，福建社会经济从一片莽荒状态中迅速发展起来，福建由一个“蛮荒之地”一跃成为“文儒之乡”。当时福建经济与社会状况，从《隋书·地理志》中对江南习俗的记载中可见一斑：“江南之俗，火耕水耨，食鱼与稻，以渔猎为业，虽无蓄积之资，然而亦无饥馁。其俗信鬼神，好淫祀，父子或异

---

① 固始县志编纂委员会编：《固始县志》，中州古籍出版社，1994 年，第 140 页。

居……豫章之俗，颇同吴中，其君子善居室，小人勤耕稼。衣冠之人，多有数妇，暴面市廛，竞分铢以给其夫。及举孝廉，更要富者，前妻虽有积年之勤，子女盈室，犹见放逐，以避后人。俗少争讼，而尚歌舞。一年蚕四五熟，勤于纺绩，亦有夜浣纱而旦成布者，俗呼为鸡鸣布。……建安……其俗又颇同豫章。”

2. 汉唐时期的闽台关系

根据史书的记载，秦汉时，大陆人民（主要是福建人民）就与台湾高山族有着比较频繁的接触。在汉代文献中已有关于“夷州”的记载。如《后汉书·东夷传》称：“会稽海外有东鳀人，分为二十余国。又有夷洲及澶洲，传言：秦始皇遣方士徐福，将童男女数千人入海，求蓬莱神仙不得。徐福畏诛，不敢还，遂止此洲，世世相承，有数万家。人民时至会稽市。会稽东冶县人有入海行遭风，流移至澶洲者，所在绝远，不可往来。”书中所说“夷洲”即今台湾地区。早在秦汉时期，闽越人民便开始渡过台湾海峡，成为台湾高山族的祖先。连横《台湾通史》称：“或曰楚灭越，越之子孙迁于闽，流落海上，或居于澎湖。”① 汉武帝发兵攻打闽越国，闽越王战败，部分闽越人“即亡入海”，乘船渡过台湾海峡，定居于澎湖与台湾岛。1947 年，著名历史学家翦伯赞在其所撰写的《台湾番族考》一文中就指出，我国台湾土著族是古代百越族的支裔，他们和我国东南、西南诸种族以及澎湖同琉球、日本的原始住民，在太古时代都是近亲。② 台湾多数人类学家也认为，台湾高山族“是从大陆华南直接，或是迂回透过东南亚岛屿，在不同时期，一波波地进入台湾；唯有兰屿的雅美文化，已确定和菲律宾有极密切的关系，是唯一的例外”③。

---

① 连横：《台湾通史》，广西人民出版社，2005 年，第 2 页。

② 田珏：《台湾史纲要》，福建人民出版社，2000 年，第 6 页。

③ 郑元庆等编著：《与鹿共舞——台湾原住民文化（一）》，《光华画报》杂志社，1994 年，第 21—22 页。

大陆人民与台湾当地少数民族最早大规模接触当在三国时期。据《三国志·吴书·吴主传》记载，黄龙二年（230），吴主孙权曾派遣将军卫温和诸葛直率领甲士万人“浮海求夷洲及亶洲”，“得夷洲数千人还”。又称：“亶洲在海中，……其上人民，时有至会稽货布，会稽东县人海行，亦有遭风流移至亶洲者。”后来吴国的丹阳太守沈莹根据这次军事行动所获得的相关信息，撰写了《临海水土志》，书中详细介绍了台湾的地理位置、地形、气候、物产、社会生活、风俗习惯以及台湾少数民族与古越人的关系。由此可见，至三国时，大陆与台湾已经有了比较长期的来往和深入的了解。

隋唐以降，闽台两岸人民交往愈发频繁。《台湾通史》载：“澎湖地近福建，海道所经，朝发夕至，漳、泉沿海之黎民早已来往。”[①] 大业三年（607），隋炀帝为“求访异俗”，派遣羽骑尉朱宽探访琉球（时称台湾为“琉球”）。次年令朱宽渡台抚慰当地居民。大业六年（610），隋炀帝又派虎贲郎将陈棱和朝请大夫张镇州率领万余东阳兵，从义安（今广东省潮州）航海到琉球，当地居民见到船只，以为是商船互市，都前来贸易。可见当时大陆东南沿海居民与台湾同胞往来密切。陈棱离开台湾时，带回数千名台湾民众，让他们定居于福庐山（今福建福清市龙田）一带。这是台湾同胞首次航海移居大陆。[②]

二、汉唐时期的闽台信俗

汉武帝元封元年（前110），闽越国灭亡，汉武帝“诏军吏皆将其民徙处江淮间”，为逃避汉军的追捕，当时有一部分闽越人躲进深山老林之中，《宋书·州郡志》载：“汉武帝世，闽越反，灭之，徙其民于江、淮间，虚其地。后有遁逃山谷者颇出，立为治

---

① 连横：《台湾通史》，广西人民出版社，2005年，第4页。

② 孙英龙：《闽台地缘关系与海洋交通研究》，《地缘·根源·家园——闽台地缘关系研究文集》，中国文联出版社，2008年，第99页。

县，属会稽。”由于两汉时期，闽中仍是未开垦的蛮荒之地，中原汉人入闽者很少，当时福建的居民仍以闽越人为主，闽越人“信巫尚鬼”的传统及其原始崇拜得以保留下来。三国两晋时期，中原汉人大批入闽，他们大多举族而迁，由于当时社会动荡不安，交通工具十分落后，举族迁徙是个漫长而又充满危险的过程，随时都有生命和财产之忧。在迁徙过程中，中原汉人往往会随身携带家乡的神像，以祈求一路平安。因此，中原汉人入闽，不仅带来了大量的劳动力、先进的生产工具和生产技术，而且也带来了中原地区的宗教信仰，并与闽越人固有的巫术和原始崇拜相互碰撞、相互融合，既增加了闽台民间信俗的对象，也丰富了闽台民间信俗活动，对后世闽台地区信仰习俗的形成和发展产生了深远的影响。

1. 中原汉族的民间信俗在闽台的传播

北方汉人入闽以后，中原的天地、城隍等民间信俗随之传入闽台地区。“天”作为至高无上的神大约出现于夏代，《尚书·召诰》言：“有夏服天命。”古代国家最高统治者自称“天子”，代天统治人间，每年都要举行隆重的祭天大典。闽台民间称“天”为“天公”“天老爷”“老天爷”，认为人间的生老病死、兴衰成败、祸福吉凶等所有的一切均由天定，因此，对“天”极为敬畏，“无不敬天，无不崇祀上帝，朔望必祈，冠婚必祷，刑牲设醴，至腆至诚”。[①] 闽台民间认为农历正月初九是“天公”生日，是日，家家户户都要置办丰盛的祭品隆重祭祀一番，以祈求天公保佑新的一年全家平安顺遂、兴旺发达。有的地方还会请戏班通宵达旦演戏，称“天公戏”。

对大地的崇拜始于原始社会，古人认为大地滋养万物，供人类享用，是人类的衣食之母，从而产生了对大地的原始崇拜。后来，随着人类社会的发展，对大地的自然崇拜逐渐演化成具有人格神的土地神信仰。在闽台民间，土地神的形象通常为白胡须、脸颊丰

① 连横：《台湾通史》，广西人民出版社，2005 年，第 300 页。

满、笑容可掬、衣冠束带、手执金元宝的老人，百姓称其为“土地公”“土地爷”“福德正神”。闽台地区气候潮湿炎热，山多地少，河流短促，山洪、台风、旱灾、水灾、瘟疫等时有发生，严重影响人们的生命和财产安全。在灾害面前，古人一筹莫展，只能祈求神明的保佑。虽然土地公在神明中的级别较低，但是他职能广泛，且与平常老百姓的生活最为密切，因此，其信众广、庙宇多，在田间地头、房前屋后、街头巷尾，随处可见大大小小的土地公庙。古代，官方会在每年的立春和立秋之后祭祀土地公，以祈求和答谢土地公的保佑，“春禳灾，夏保苗，秋报功”，称“春祈秋报”，仪式隆重，鼓乐迎神，建醮祈岁大稔，还要演戏娱神、酬神。民间传说农历二月初二（或六月初六、腊月初八）是土地公生日，人们要备办供品祭祀土地公，祈求土地公保佑风调雨顺、六畜兴旺、五谷丰登。

城隍信俗最初是对城池的自然崇拜，汉代以后逐渐被人格化。据史料记载，最早的城隍庙是建于东吴赤乌二年（239）的芜湖城隍庙。关于最早的城隍神，史料有不同的记载。一说是西汉御史周苛，宋代《长乐图经》称：“庙之神乃西汉御史周苛也。守荥阳，为项羽所烹。高祖既即位，思苛忠烈，令天下郡县各附城立庙祀之。城隍之祀，疑始于此。”① 一说是汉初名将灌婴，《崇安志》记载：“神姓灌，名婴，汉颍阴侯也。初平江南有功，因祀为城隍神。”② 据《三山志》《八闽通志》等地方志书的记载，西晋太康年间（280—289），侯官（今福州）建有城隍庙，这是目前所见文献记载中福建省最早的城隍庙，说明早在三国两晋时期，城隍信俗已传入闽台地区。

---

① （明）黄仲昭：《八闽通志（下）》卷58，福建人民出版社，1991年，第369页。

② （明）黄仲昭：《八闽通志（下）》卷59，福建人民出版社，1991年，第385页。

2. 道教、佛教的传入及其对闽台民间信俗的影响

道教是中国土生土长的宗教，道教的思想来源十分庞杂，其中，春秋战国时期的道家学说、先秦时期的神仙传说是它的主要思想渊源，另外，道教还继承了原始宗教的鬼神观和巫术，吸收了阴阳家、墨家、儒家包括谶纬学的一些思想，以及佛教的因果报应学说。

在道教产生之前，神仙传说和方术盛行的主要地方是楚、燕、齐、吴、越一带。福建东南是茫茫大海，西南、西北、东北则是山脉连绵，大海和高山阻隔了福建与外界的联系，使得先秦时期福建相对隔绝。秦始皇二十五年（前 222）立闽中郡以后，中原文化成规模传入福建，其中神仙传说也传入福建。如传说黄帝时容成子曾在福建太姥山炼药。又如，传说混沌初开，有神曰圣姥（又称太姥、太元夫人、魏夫人等）母子二人曾在武夷山修炼，能呼风檄雨，乘云而行。“秦时人号为圣姥，众仙立为太姥圣母，今人祝庙呼太元夫人是也。”[①] 之后，又有武夷君、何氏九仙、梅福等数位神仙，他们或居住在福建境内，或曾到福建名山修道。

梅福，江西九江人，西汉末年曾任南昌尉。《汉书・梅福传》称其“至元始中，王莽颛政，福一朝弃妻子，去九江，至今传以为仙。其后人有见福于会稽者，变名姓，为吴市门卒云”。汉时，福建隶属会稽郡。方志中亦有梅福到闽中炼丹修仙的记载，如《八闽通志》载：瓯宁县的梅仙山，“汉梅福炼丹于此；丹成骖鸾而去，是日有甘露降”。该县的郭岩，“在梅岐里。岩北古有庵，祀梅福并岐公像。旧传西汉时，岩乃郭仙所居，故名。按旧志，福为南昌尉，上书不报，隐于建之城南山上，学仙术，后游武夷，望见郭岩有紫气，即往访之。时岐公已先居焉，因与同处。后二人俱乘鹤上

① 《历世真仙体道通鉴》卷 4，《道藏》第 5 册，文物出版社、天津古籍出版社、上海书店，1996 年，第 128 页。

升。今其里号梅岐”。[①] 据此，梅福离开江西后，在闽北修仙，最后乘鹤飞升成仙。

关于武夷君的来历，有两种说法：一说武夷是彭祖的两个儿子，长子名武，次子名夷，同居福建武夷山，山名也是因此而来。《历世真仙体道通鉴》卷三载：“篯铿，帝颛顼之玄孙，因进雉羹于尧，尧封于彭城，后谓之彭祖。有子二人，长名武，次名夷，其所隐山后人名曰武夷山。”董天工《武夷山志》卷十八也有类似的记载：“彭祖，姓篯，名铿，相传古陆终氏第三子也，亦谓之中黄君。传称其尝进雉羹于尧，尧封之彭城，故称彭祖。又有曰商贤大夫，即所谓老彭，隐居是山，善养生术，寿七百七十七岁。子二，曰武曰夷，同居于此。或曰山因是得名。”另一种说法：一神自称武夷君，在山上修道，山名因此而来，而且武夷君还曾在武夷山峰顶与诸仙宴请乡人。

相传，何氏九仙乃汉武帝时何氏兄弟九人，字名莫详。九人中除老大的额头中间有一只眼睛隐约可见外，其余八人皆双目失明。始居安徽庐江，后徙豫章临川。汉武帝时，九兄弟曾师事大罗，学辟谷法，后因担心其父参与淮南王刘安谋反而受牵连，遂结伴自九江入闽。先后隐居在闽县九仙山（今福州于山）、福清石竹山及莆田龙津庙等，后来到仙游九鲤湖结庐以居，炼丹修真。丹成后，乘坐九鲤仙去。何氏九仙的传说在闽台流传广、影响大。福州于山旧名九仙山，上有九仙观、九仙阁、炼丹井。福清石竹山相传为九仙行春治所，故闽人祈梦有“春往石竹，秋而九鲤”之说[②]。此外，省内漳州、东山、德化等处均有“九仙山”。莆田境内有关何九仙的“仙迹”更多，莆田城内有九仙巷，仙游县南四十里有枫亭，“相传九仙始来此，结枫为亭以居，故名”。仙游县南二十五里仙

---

① （明）黄仲昭：《八闽通志（上）》卷5《地理志》，福建人民出版社，1990年，第99—100页。

② 陈支平主编：《福建宗教史》，福建教育出版社，1996年，第9页。

岭、县南一十里留仙山，“相传何仙尝憩于此”。仙游县北五里将军山下有将军井，相传“九仙沐浴于此”。仙游县东二十里有仙水桥，相传“九仙过此以溪水洗睛，目遂明”。仙游县东北四十里何岭，相传“以何氏九仙名，俗传九仙倒行上岭”。①

仙游九鲤湖

道教正式形成于东汉末年，其标志是太平道和五斗米道的创立。太平道的创立者是张角，光和七年（184），张角利用太平道发动了声势浩大的黄巾大起义，起义被镇压后太平道便销声匿迹。五斗米道的创立者是张陵，又称张道陵。张陵自称太上大道君曾授予他“天师”称号，所以五斗米道又称天师道。太平道和五斗米道的主要发源地是东部的青、徐两州和西南的巴蜀一带，原本对福建的影响较小，三国两晋时期由于北方战乱不止，与动荡的中原地区相比，福建相对安定，中原百姓为了躲避战乱纷纷徙居福建。当时统

① 徐鲤九：民国《九鲤湖志》第1册《人物》。

治福建的孙吴政权及后来的东晋、南朝统治者，都采取比较宽容的宗教政策，特别是吴主孙权好道术，热衷于追求长生不死之药，曾派人寻访仙山。吴主孙权广招道士，大造宫观，吸引了许多方士和道教徒。其中，不少人到福建从事道教活动，著名的有介琰、左慈、葛玄、郑隐、葛洪等。

隋唐时期，统治者大力扶植道教。隋代唐初，福建尚未完全开发，人口稀少，社会经济文化仍十分落后，与全国相比，这时期道教在福建的发展十分缓慢。据统计，从隋文帝开皇元年（581）至唐玄宗开元元年（713）的 132 年间，福建仅新建三座道观。[①] 唐开元以后，随着北方汉人的大批迁入和大规模的垦田开发，福建社会经济快速发展，人口剧增，福建道教也有了长足的发展。据统计，从开元至唐末（714—907）的 193 年间，福建兴建了 11 座道观。[②] 隋唐时期，天师道、外丹派在福建相当盛行，其中尤以外丹派为甚。此外，灵宝派、茅山宗等也传入福建。唐初著名茅山派道士司马承祯即尝在宁德霍童山修炼，后跨鹤飞升。

佛教产生于公元前六世纪至前五世纪的古印度，创始人是乔达摩·悉达多，基本教义有四谛说、十二因缘说、三法印说等，其核心是宣扬人生一切皆苦，世界一切皆空，无须留恋，更不要去追求，只有坚定不移地信仰佛教，熄灭一切欲望，才能脱离苦海，达到涅槃的理想境界。大约在两汉之际，印度佛教传入中国。东汉东吴之际，佛教传入福建。西晋太康年间，闽中开始建造佛寺，最早的寺院是侯官县的药山寺，建于西晋太康元年（280）。根据地方志书的记载，两晋时期，福建有纪年可考的寺院有 10 座：药山寺、灵塔寺、绍因寺、建造寺、永和尼院、憩庵[③]。这些寺院分布在闽北、闽东南沿海和闽南一带。这一分布格局与早期中原汉人入闽的路线大体一致，反映了北方汉人入闽对福建宗教文化的巨大影响。

---

①② 陈支平主编：《福建宗教史》，福建教育出版社，1996 年，第 16 页。

③ 王荣国：《福建佛教史》，厦门大学出版社，1997 年，第 1—36 页。

在北朝，因北魏太武帝和北周武帝的排斥，佛教遭到重创，“北地佛教，一时绝其声迹”。而在南方，社会相对安定，南朝的宋、齐、梁、陈四朝统治者大多信奉佛教，其中尤以梁武帝最为虔诚。由于统治者的支持，在南朝各小朝廷统治下的福建，佛教有了较大的发展，新建寺院65座。其中，刘宋时1座，萧齐时3座，梁时31座，陈时30座。从分布地域上看，晋安郡58座，建安郡4座，南安郡3座。由此可见，梁陈两朝是福建佛教发展较为迅速的时期，而东南沿海尤其晋安郡治所在地及其沿海近邻地区是当时福建佛教最为活跃的地带。①

两晋南北朝时期，福建出现了一批著名的僧人，见于史籍记载的福建僧人和到过福建的僧人有：元朴、僧群、慧炬、智著、拘那罗陀。其中，拘那罗陀（Cunarata，499—569），西天竺优禅尼国人，属婆罗门种姓，应梁武帝之邀于中大同元年（546）来到中国译经讲学，曾在福建晋安郡、南安郡滞留三年多，受到两地佛教徒的欢迎。大定元年（581），杨坚代周称帝，建立隋朝，是为隋文帝。随即隋文帝一改北周灭佛的法令，令五岳各建佛寺一所，诸州县建僧、尼寺各一所，一时间南北佛教俱兴。由于福建在开皇十年（590）才归隋朝统治，因此隋文帝的佛教政策对福建的影响较中原一带略迟些。据王荣国先生《福建佛教史》考证，隋朝福建新建的寺、院、庵、堂共12所，主要分布在以福州为中心的闽东和以泉州为中心的闽南地区。唐代福建佛教发展盛况空前，寺院数量剧增。厦门大学陈支平教授主编的《福建宗教史》一书依据《八闽通志》和乾隆《安溪县志》等书的记载进行统计，认为唐代福建新建的寺院有547座。其中，福州府有242座，居八闽之冠；建宁府第二，111座；福宁府第三，44座；兴化府、汀州府居后。②

道教、佛教在闽台地区的传播，对闽台民间信俗产生了相当大

① 王荣国：《福建佛教史》，厦门大学出版社，1997年，第1—36页。

② 陈支平主编：《福建宗教史》，福建教育出版社，1996年，第136—137页。

的影响。以道教为例，道教及其神仙传说的传入，其一，增加了闽台民间信俗的对象。传说中的太姥、梅福、武夷君、控鹤仙人、十三仙、何氏九仙等神仙人物以及曾在闽台地区修炼、传教的介琰、左慈、葛玄、郑隐、葛洪、邓伯元、王玄甫、褚伯玉等方士、道教徒，都成为闽台百姓崇拜的神明。其二，道教的传入增加了闽台民间信俗的形式。何氏九仙兄弟在仙游九鲤湖炼丹后乘鲤升天后，“里人神之”，就在九鲤湖畔建庙祭祀，“中塑府君像，环列九仙皆跨鲤”，香火十分旺盛。汉代以降，何氏九仙不仅是莆仙民众祈福禳灾的对象，而且还是祈梦预测吉凶的神仙。黄岩孙《仙溪志》载“神主科名尤灵”，“兴、福、漳、泉士大夫斋戒诣祠下丐梦不绝”。[①] 九鲤湖祈梦（又称乞梦、丐梦）习俗始于何时？史料没有明确记载，有的学者认为始于汉代，与九仙信俗同时产生，只是因为莆田地区文字记载出现得晚，所以隋唐以前，没有留下九仙祈梦的文字记载而已，认为“九鲤湖可能是我国汉族居住区祈梦风俗的发源地，何氏九仙是我国民间流传历史最长、影响范围最广的一种司梦神明，也是历史上唯一曾被公认为全国性崇拜的梦神”。[②] 有的学者认为九鲤湖祈梦习俗“发轫于唐，勃兴于宋，鼎盛于明，衰落于晚清”[③]。由于年代久远，文献缺失，九鲤湖祈梦习俗始于哪朝哪代，有待于文献和田野的进一步考证。从现有资料来看，最晚在唐贞元年间（785—805）到九鲤湖祈梦在莆仙地区已经风行，应是不争的事实。目前所见最早的确切记载九鲤湖祈梦文化的文献是唐贞元十八年（802）莆田进士许稷所作的《游九鲤湖》，诗

---

① （宋）黄岩孙：《仙溪志》卷 3《祠庙》，福建人民出版社，1989 年，第 62 页。

② 仙游县九鲤湖风景区管委会编：《九鲤湖志》，华夏文化出版社，2022 年，第 227 页。

③ 仙游县九鲤湖风景区管委会编：《九鲤湖志》，华夏文化出版社，2022 年，第 228 页。

曰："道是烧丹地，依然云水居。山空人去后，梦醒客来初。溪雨飞沙霁，石门隐雾虚。高歌对明月，松影落扶疏。"既描绘了九鲤湖的幽美清静，也说明九鲤湖祈梦文化由来已久。由此推断，至迟在唐中晚期，九鲤湖祈梦习俗已经兴起。福建祈梦之风自古盛行，而以仙游九鲤湖祈梦最负盛名，所谓"九鲤祈梦，海内咸知"，不仅善男信女们千里迢迢趋之若鹜，就连王公巨卿、文人墨客也纷至沓来。至今民间还流传着许多活灵活现的祈梦故事，有关九鲤祈梦的文献记载更是不胜枚举。

仙游九鲤湖祈梦楼

其三，道教神仙思想与闽越人巫术相结合，一些道士、巫觋死后被附会为神仙，为人们所崇祀。三国时期闽中地区出现了一位著名的道士——董奉。据文献记载，董奉为侯官（今福州）人，生于"东汉末灵帝献帝间"，卒于"西晋武帝惠帝永嘉间"，[①] 享年近百

① 钱超尘：《董奉考》，《江西中医学院学报》2010 年第 2 期。

岁或百余岁，善医道，能祈雨，有起死回生之术，与华佗、张机并称“建安三神医”，被老百姓奉为神仙，顶礼膜拜。葛洪《神仙传》记载：“昔吴先主时有年少作本县长，见君异年三十余，不知有道也。罢去五十余年，复为他职，行经侯官，诸故吏人皆往见故长，君异亦往，颜色如昔，了不异故。长宿识之，问曰：‘君无有道也，昔在县时，年纪如君辈，今吾已皓白，而君犹少也。’君异曰：‘偶尔耳。’杜燮为交州刺史，得毒病死，已三日。君异时在南方，乃往，以三丸药内死人口中，令人举死人头摇而消之。食顷，燮开目动手足，颜色渐还，半日中能起坐，遂活。后四日，乃能语。”救活杜燮后，董奉名声大振。晚年隐居于江西庐山之下，“不种田，日为人治病，亦不取钱。重病愈者，使栽杏五株，轻者一株，如此数年，郁然成林。……后杏子大熟，于林中做一草仓，示时人曰：‘欲买杏者，不需报奉，但将谷一器置仓中，即自往取一器杏去。’……奉每年货杏得谷，旋以赈救贫乏，供给行旅不逮者，岁二万余人。”[①] 据传，董奉曾以行气服术法授帛和，后帛和乃创帛家道。

闽台历史上最早由巫觋转变为神仙的是徐登，据《后汉书》记载，徐登“闽中人也。本女子，化为丈夫”。曾与东阳巫觋赵炳共同修炼于福建永泰高盖山，以禁术为人疗病，“登年长，炳师事之”。福州百姓奉他们为神明，在永泰高盖山上建有徐真君庙，“岁旱，祷雨于此多应”。[②]

3．一些王公将相及有功德于地方社会的历史人物死后被奉为神明

此外，一些王公将相及有功德于地方社会的历史人物死后亦被民众奉为神明，并形成民间信俗。如闽越王开国国君无诸及其子郢、末代君主余善等在闽台许多地方都有专庙奉祀，有的地方还奉

---

① （东晋）葛洪：《神仙传》卷10《董奉》，上海古籍出版社，1990年，第54页。

② （明）黄仲昭：《八闽通志（上）》卷5《地理》，福建人民出版社，1990年。

他们为保护神。南平松溪济美庙奉祀三国时“有惠利于民”的会稽南部都尉陆宏。惠安凤山通灵庙奉祀东吴王将军及其妻子。相传汉武帝派兵讨伐闽越国时，闽越王兵败退至越王峰（今莆田涵江区白沙镇古院山）筑台御守。汉军围逼闽越王军，闽越王护驾将军拒不投降，投潭而死。后人感其忠义，遂立祠祀之。因不知其姓名，便泛称“护驾将军”。莆田吴长官庙奉祀修筑延寿陂的吴兴，千百年来香火十分旺盛，宋代李俊甫《莆阳比事》记载：唐德宗建中年间（780—783）[①]，吴兴在莆田填海为田，在延寿溪筑陂以灌溉，使莆田北洋平原初步形成万顷沃壤。时有蛟龙为患，数溃堤，兴大忿，便与众人约曰：“吾当斩蛟，溪流青则蛟死，赤则吾死矣！”越二日，其刀出于东方泥淖中，故地名吴刀；血溅于桥，故名赤桥。乡人感之，立庙，号曰“吴长官庙”。

莆田吴公庙中供奉的吴兴

① 按：一称中宗神龙年间（705—707）。

第三节　唐末宋元时期的闽台社会与信俗

一、唐末宋元时期的闽台社会

1. 社会经济文化高度发展

唐末五代出现第三次中原汉人入闽高潮。唐末乾符年间，黄巢起义，天下群雄并起，寿州人王绪率领一支起义军攻占光州，唐朝只得任命他为光州刺史，原任固始县佐的王潮被王绪用为军正。蔡州防御使秦宗权以军力压迫王绪，向他强征大量军费，王绪穷于应付，率5000人南渡，王潮及其二弟审邽、三弟审知带着老母随军南下。这支军队经南康入汀州，至漳州时，由于王绪的残暴本性，虐待甚至滥杀士兵，军心涣散。这时为减少行军的累赘，王绪下令抛弃随军女眷，如发现军中仍有女眷杀无赦。王潮兄弟三人不愿舍弃老母，便发动兵变，囚禁王绪，王绪忧愤而死，王潮被拥为主帅。[①] 乾宁三年（896）九月，朝廷升福建为威武军，委潮为节度使；翌年，潮死。由审知充威武军留后、检校、刑部尚书，继而升迁为节度使。后梁开平三年（909），梁封王审知为闽王。随王审知兄弟入闽的固始籍民有王、陈、李、张、关、蔡、杨、郑、谢、郭、曾、周、廖、庄、苏、何、高、詹、林、沈、施、卢、孙、傅、马、董、薛、韩、骆、蒋、黄、包、袁、赖等姓[②]，他们都落籍闽地。

公元907年，唐朝灭亡，中原政权更迭，先后出现了后梁、后唐、后晋、后汉、后周五个朝代，史称“五代”。在南方和河东地区，则先后或同时并存着十个割据政权，即吴、南唐、前蜀、后

---

① 俞祖华、杨玉好：《从“河洛人”入闽、迁台看中原文化的迁徙模式》，《烟台师范学院学报》（哲社版）1999年第3期。

② 固始县志编纂委员会编：《固始县志》，中州古籍出版社，1994年，第140页。

蜀、吴越、楚、闽、南汉、南平、北汉，史称“十国”。在福建，唐朝末年，王潮、王审知兄弟割据闽地。王审知父祖世代务农，当政后轻徭薄赋，与民休息，选用良吏，提倡节俭，奖励农业，促进生产，开辟港口，奖励通商，建立学校，提倡教育，对促进福建地区经济文化的发展起过一定的作用，史称其与民休息，“三十年间，一境晏然”①。王审知死后，继位的都是暴君，互相残杀，内乱不断，后晋开运二年（945），闽国被南唐攻灭。此后，福建处于分裂状态：南唐统治福建西部，吴越统治福州，小军阀留从效、陈洪进割据漳、泉。直至公元978年，北宋才重新把福建置于统一的中央政权的控制之下。

与动荡的中原地区相比，五代至两宋间，福建地区相对安定，在原有居民及大批北方移民的辛勤劳动下，福建经济长期持续发展，尤其是在两宋时期，福建社会经济文化进入全面发展的繁荣阶段。经济上，两宋时期，福建人口剧增，由宋初的46万户，上升到南宋的160万户，约五六百万人。大片荒田得到开垦，无数的沼泽变为良田，大规模围海造田，农作物产量大大提高，秦观《财用策》称“其一亩所出，视他州辄数倍”。在手工业方面，福建的茶业、瓷业、纺织业、糖业、造船业等，享誉全国。在商业方面，福建商业繁荣，商品经济发达，福州、泉州闻名海内外。宋人温益咏福州为“潮回画楫三千只，春满红楼十万家”，十分繁华。泉州更是以发达的海外贸易闻名世界，王象之《舆地纪胜》称，“繁华特胜于瓯闽”，“城内画坊八十，生齿无虑五十万”。诗人张守《毗陵集》中收有时人叶适对福建的评价：“闽浙之盛，自唐而始，且独为东南之望，然则亦古所未有也。”“昔瓯越险远之地，为今东南全盛之邦。”说明宋代福建的繁荣发达已为世人所瞩目。

宋代福建的全盛还体现在文化方面。宋代福建学校遍布城乡，

---

① （宋）薛居正：《旧五代史》卷134《僭伪列传第一·王审知》，吉林人民出版社，2006年，第1137页。

读书应仕成为社会风气。据统计，宋代福建秀才人数全国第一，进士多达 7038 人，约占全国进士人数的五分之一，被《宋史》收入的闽籍“儒林”与“道学”者有 179 人，居全国各省之首。[①] 人才辈出，出现了柳永、张元干、刘克庄、严羽、袁枢、郑樵、罗从彦、朱熹、蔡元定、陈淳、杨亿、苏颂、宋慈等一大批英才，他们在文学、史学、理学等诸多领域都卓有建树。

南宋后期，北方蒙古崛起。南宋与蒙古之间进行了长达 40 多年的战争。1276 年，忽必烈的元军攻入临安，南宋宣告灭亡。南宋小皇帝在大臣们的护送下，退守福建，在福州建立行都，试图东山再起，收复失地。一批不甘降元的宋朝官员在文天祥、张世杰等人的率领下，退到闽粤境内与元军周旋，直到至元十六年（1279）才最后失败。与唐宋时期的繁盛相比，元初的福建动荡不安，社会经济遭到严重破坏，百业俱废，满目凄凉，人口锐减。据统计，宋嘉定十六年（1223）福建的户口数为 1599214，而至顺元年（1330）福建户口数锐减至 700817[②]，户口减少过半。耕地面积大为缩减，社会生产力遭到严重破坏。由于元朝统治者的横征暴敛和民族歧视政策，使得有元一代福建人民的反抗斗争一直持续不断。统一全国后，元朝积极采取各种措施发展生产，使福建社会经济文化很快得到恢复和发展。元朝重视海外贸易，当时的福建泉州港已发展成一个国际性的大港，与泉州有贸易交往的国家或地区，从南宋时的 50 多个增至 100 多个，有六条国际航线可抵东南亚、印度、阿拉伯半岛、亚丁湾、东非沿岸、琉球、朝鲜、日本。

2. 自然灾害时有发生

闽台地处亚热带，受海洋性季风气候的影响，暴雨、洪涝、台风、高温、干旱、寒潮等自然灾害时有发生。据记载，福建历史上有文献可查的洪涝灾害有 703 次，其中东晋至唐代 7 次、宋代 78

---

① 林国平、彭文宇：《福建民间信仰》，福建人民出版社，2001 年，第 8 页。

② 朱维干：《福建史稿》上册，福建教育出版社，1985 年，第 393 页。

次、元代22次；旱灾358次，其中唐代3次、宋代39次、元代10次；台风319次，其中唐代1次、宋代24次、元代3次。[①] 自然灾害给老百姓的生命和财产带来巨大的损失，而大灾之后的大疫，更是让百姓雪上加霜，死伤相枕，甚至出现“人相食”的现象。

古代防灾减灾能力有限，面对灾害，人们往往束手无措，只好求助于神明，幻想通过焚香磕头、顶礼膜拜来换取神明的保佑，祈福禳灾，消除各种灾害。

3. 唐末宋元时期的闽台关系

自唐末至五代宋元，大陆战乱频繁。为避战乱，闽粤等地居民纷纷移居台湾。连横《台湾通史》称：“历更五代，终及两宋，中原板荡，战争未息，漳、泉边民渐来台湾，而以北港为互市之口，故台湾旧志有‘台湾一名北港’之语。”[②] 南宋周必大《汪大猷神道碑》中有句话：“海中大洲号平湖，邦人就植粟、麦、麻。”《台湾通史》称：“蒙古崛起，侵灭女真，金人泛海避乱，漂入台湾，宋末零丁洋之败，残兵义士亦有至者，故各为部落，自耕自赡，同族相扶，以资捍卫。”元代航海家汪大渊的《岛夷志略》中就亲眼所见记述当时澎湖的情况，称：“有草无木，土瘠，不宜禾稻。泉人结茅为屋居之。”

毋庸置疑，闽人迁居台湾，要经历困难生死考验，首先要横渡艰险无比的台湾海峡，入台之后，还要克服极其恶劣的生存环境，还要面对为争夺生存空间而与台湾当地少数民族及其他籍贯汉人之间的各种冲突。在困苦的日子里，人们也只好求助于神明。

发达的社会经济文化、无情的自然灾害以及恶劣的生存环境，为唐末宋元时期闽台民间宗教信俗的发展创造了客观的社会土壤。

---

① 福建省地方志编纂委员会编：《福建省志·民政志》，方志出版社，1997年，第85—87页。

② 连横：《台湾通史》，广西人民出版社，2005年，第4页。

二、唐末宋元时期的闽台信俗

五代时期，福建先后由闽国、吴越、南唐等统治，在时局动荡的年代里，封建帝王们纷纷将希望寄托于神明的庇护。对佛、道，他们采取了宽松甚至可以说是扶持的宗教政策。早在王审知称闽王之前，道士们就为王氏割据福建大造舆论，因此，王审知称王后，自然优礼道教。王审知之后的各闽王，无一不对鬼神、道教之说感兴趣，其中又以王延钧、王昶为甚。闽王延钧，好神仙之术，极土木之盛，作宝皇宫，以道士陈守元为宫主。王延钧对陈守元言听计从，把他奉若神明。后唐长兴二年（931）十二月，陈守元假托宝皇之命，对王延钧说："王避位受道，当为天子六十年。"王延钧信以为真，遂"逊位受箓，道名元锡"。长兴三年（932），陈守元又对王延钧说，延钧当六十年天子后为大罗仙主，王延钧乃"益自负，始谋称帝"[①]。长兴四年（933），王延钧听信道士的讹言，即皇帝位，改元龙启，更名鏻，赐守元号洞真先生。王昶继位后，更加宠幸陈守元等道士，尊陈守元为天师，谭紫霄为正一先生，林兴亦以巫见幸，凡事无论大小，皆与道士商议。《资治通鉴》卷二七九载："乃至更易将相、刑罚、选举，皆与之议，守元受赂请托，言无不从，门庭如市。"同书卷二八二载："政无大小，皆林兴传宝皇命决之。"不仅如此，王昶还听信道士之言，大兴土木。卷二八一载，天福二年（937），"作紫微宫，饰以水晶，土木之盛倍于宝皇宫"。卷二八二载，天福四年（939），"闽主用陈守元言，作三清殿于禁中，以黄金数千斤铸宝皇大帝、天尊、老君像，昼夜作乐，焚香祷祀，求神丹"。

对于佛教，闽王也很倚重，给予种种优待，这体现在以下几个方面：（1）师事高僧。雪峰义存、玄沙师备、长庆慧棱、神晏、慧

---

① （清）吴任臣：《十国春秋》卷91《惠宗本纪》，中华书局，1983年，第1325页。

觉、神禄等禅师都为王氏所优敬。(2)大兴佛寺。《十国春秋》记载，王审知“雅重佛法，增闽僧寺凡二百六十七”。[①] 对佛教之雅重，王审知的后继者较其父可谓有过之而无不及，据统计，在王审知父子当政的四十年中，福建境内新增寺院、庵461所。[②] (3)广置佛经，铸造佛像。唐天祐二年(905)，王审知罗致佛经5048卷，“藏佛经于寿山”。[③] 次年，在于山定光多宝塔右边，费铜六万斤，黄金三百两，铸丈六金身佛像一尊，丈三菩萨像两尊。龙德三年(923)，王审知“泥金银万余两，作金银字四藏经”。同时，又在“城西南张炉冶十三所，备铜蜡三万斤，铸释迦、弥勒诸像”。[④] (4)广度僧人。仅王延钧、王延曦时，闽国就曾两次共度僧三万多人。[⑤]

宋朝继承前朝的宗教政策，采取以儒为核心，儒释道三教并尊的政策。至真宗以后，大力扶持、崇奉道教，利用道教为其封建统治服务。宋王朝的崇道有两个高潮：一是在真宗赵恒时候，一是在徽宗赵佶时候，其中尤其以宋徽宗为甚。真宗在位时大力营造宫观、招徕隐士、广度道士。仅天禧三年(1019)，宋真宗就度道士、女冠7170人。由于真宗广度道士、僧尼，使僧尼的人数由宋初的67403人猛增至458954人，道士、女冠也发展到20337人。[⑥]

宋徽宗是历史上著名的“道君皇帝”，他借崇道制造君权神授的舆论，自称天神下凡统治人间，自号教主道君皇帝，在全国大力

① (清)吴任臣：《十国春秋》卷90《太祖世家》，中华书局，1983年，第1312页。

② 陈支平、詹石窗主编：《透视中国东南：文化经济的整合研究》，厦门大学出版社，2003年，第701页。

③ (清)吴任臣：《十国春秋》卷90《太祖世家》，中华书局，1983年，第1302页。

④ (清)吴任臣：《十国春秋》卷90《太祖世家》，中华书局，1983年，第1313页。

⑤ 陈支平主编：《福建宗教史》，福建教育出版社，1996年，第149页。

⑥ 卿希泰主编：《中国道教史》第二卷，四川人民出版社，1996年，第582—583页。

扶植和推行道教。

对佛教，整个宋朝除宋徽宗崇道佞佛外，其余诸帝都尊崇佛教。1127年，宋室南渡，处于内忧外患困境中的南宋统治者虽对佛教采取某些限制，但始终承认佛教存在的合理性和合法性，使佛教在隋唐五代的基础上继续得到发展。

元朝，疆域辽阔，《元史·地理志》称"北逾阴山，西极流沙，东尽辽左，南越海表"，规模空前。元朝统治者清醒地意识到，要使众多信仰各异的民族臣服于元朝，除了依靠武力征服和发挥政权的专政职能外，还必须对他们的宗教信俗给予尊重。因此，早在成吉思汗时就确定了一条宽松的兼容各教的宗教政策，对佛教、道教、基督教和伊斯兰教等，一律给予支持。

经济的繁荣，再加上统治者的提倡和扶植，使得唐末宋元时期道教、佛教在闽台地区得到迅速发展。黄仲昭在《八闽通志》中写道："自吴孙权始建。建初寺于江东……而后寺观始蔓延诸郡以及于闽。历晋、宋、齐、梁而始盛，又历隋唐以及伪闽而益盛，至于宋极矣！名山胜地多为所占，绀宇琳宫罗布郡邑。"[①] 宋代福建僧侣人数亦居全国之冠，当时福州，据汪应辰《文定集》记载："家有三丁，率一人或二人舍俗入寺观"。据统计，庆历间，仅福州就有系帐僧32795人，童行18548人，以至于出现"山路逢人半是僧"的状况。与此同时，佛教宗派林立、高僧云集。道教的发展势头虽不及佛教，但与前朝相比，两宋时期，福建道观数量增加的速度也是非常的快。许多道派如灵宝派、茅山宗、闾山三奶派、神霄派等，都在福建流行，并对福建政治、经济、文化、风俗习惯等产生深远影响。这个时期福建还涌现了大批著名道士，如谭峭、白玉蟾、王捷、董思靖、彭耜等，他们著书立说，对道教理论的发展做出巨大贡献。

---

① （明）黄仲昭：《八闽通志（下）》卷75《寺观》，福建人民出版社，1991年，第773页。

元代统治者虽然青睐藏传佛教，以藏传佛教的高僧为帝师，但是，有元一代，汉传佛教也有所恢复。据统计，元代福建兴造的见诸史籍的寺院有 119 座，庵、堂、精舍有 262 所；重修的寺院有 65 座，庵堂 3 所，[①] 这总体上不及宋代之盛。由于统治者的尊崇和支持，元代福建道教得以继续发展。不仅唐宋以来流行于福建的天师道、灵宝派、茅山宗、闾山三奶派、金丹派南宗、神霄派、清微派等诸符箓道派仍在福建盛行，而且北方的全真道也传入福建。元代福建还出现了像陈义高、张彦纲、王澧翁、郑思肖、翁雷室、欧阳器虚、陈采、刘梦鼎、张与玉、彭日隆等一批在道教史上颇有影响的道士。

民间信俗方面，唐末宋元时期，闽台地区“信巫鬼、重淫祠”的传统习俗不仅长期延续，而且还得到进一步的发展，并具有浓厚的闽台地方特色。《宋史·地理志》称福建“其俗信鬼尚祀”。明代王应山在《闽大记》中说：“（福州）多信鬼，崇浮屠，自闽越及伪闽王氏已然。”唐末至宋元间，闽人更是掀起了一场声势浩大的造神运动。这期间，人们塑造了数以千计的神明，并为之修建了数以万计的庙宇，大大小小的各种庙宇遍布城乡各隅。南宋漳州学者陈淳就曾说过：“淳窃以南人好尚淫祀，而此邦尤甚。自城邑至村庐，淫鬼之有名号者，至不一，而所以为庙宇者，亦何啻数百所。”[②] 宋景德二年（1005），古田县令李堪“毁淫祠三百一十五，撤佛宫四十三，取其材植为县庙学”[③]。可见，宋代，福建庙宇数量之多，在国内极为罕见。

在福建人创造的神明中，既有由动植物或无生物演变而来的，

① 陈支平、詹石窗主编：《透视中国东南：文化经济的整合研究》，厦门大学出版社，2003 年，第 717 页。

② 道光《重纂福建通志》卷 56，《风俗》。

③ （宋）梁克家修纂，福州市地方志编纂委员会整理：《三山志》卷 9《诸县庙学》，海风出版社，2000 年，第 113 页。

也有由巫觋演变而成的；既有从僧侣演变为神明的，也有由道士演变为神明的；既有从王公将相演变为神明的，也有从一般的平民百姓演变成神明的。由于古代福建水利设施、医药卫生十分落后，旱涝频仍，瘟疫流行，严重地影响到人们的生产和生存。面对自然灾害，人们一筹莫展，只能求助于神明的保佑，因此，这些神明大多被赋予驱邪祛病、呼风唤雨等职能。

唐末宋元时期的闽台地区，不仅神明多、庙宇多，而且以敬神为职业的人很多。除上文所提到的僧侣、道士非常多之外，在福建民间还有许多以神人中介者自居的巫觋。以古田县为例，“每一乡，率巫妪十数家”[①]。福建崇巫由来已久，早在秦汉时，闽越人崇信巫道便已成众所周知的事实。到了宋代，崇信巫道的观念仍然相当流行，宋安溪县令陈宓曾写道：“时人信巫纸多烧，病不求医令自活。”对普通的闽人而言，这些巫觋是神秘的人物，他们自称能够与神明沟通，拥有超自然的法术，能够预言吉凶、祈晴降雨、降妖除魔、驱邪祛病。例如宋代莆田的妈祖（原名林默），生前是一名神职人员，“初，以巫祝为事，能预知人祸福；既殁，众为立庙于本屿”。[②] 邵武巫师俞翁善于预测吉凶，《夷坚志补》称：“邵武俞翁者，善相人，尤能听器物声验吉凶。……叶祖洽儿童时，好骑羊为戏，翁见之曰：‘郎君当魁天下士，勉之，无戏。’祖洽遂折节读书”，后果然考取状元。“翁尝行田间，闻水声曰：‘水流悲，田将易主。’已而果然。又尝入市，闻乐声曰：‘金声亢，其有兵，当在申酉间。然我无伤，兵四人当溺死。’至期，果有戍卒自汀州还，过市群饮，争倡女，抽戈相戕。度不自安，乘暮乱流而渡，正春涛

---

① （宋）梁克家修纂，福州市地方志编纂委员会整理：《三山志》卷9《诸县祠庙》，海风出版社，2000年，第119页。

② 蒋维锬、郑丽航辑纂《妈祖文献史料汇编》（第一辑·碑记卷），中国档案出版社，2007年，第1页。

怒涨，溺死果四人。”① 德化巫师李泗可以降雨，乾隆《德化县志》载：“延平府旱，召巫祈祷。泗至，衣衫褴褛，群巫慢之。泗乃鸣角，角着壁，摇之不动。群巫大惊，白郡守。命祷雨。泗取水盥洗毕，掀水洒空，遂成雨。”② 古田女巫陈靖姑，“诸凡祷雨旸、驱疫疠、求嗣续，莫不响应”。③

唐末宋元时期的闽台地区，各种宗教节日繁多，祭神活动丰富多彩。除元旦、元宵、清明、端午、中元、下元等全国性的节日外，闽台地区还有名目繁多的各种神节，正如陈淳所言：“逐庙各有迎神之礼，随月迭为迎神之会。”每次神会，必赛神演戏，“男女聚观，淫奔酣斗。夫不暇耕，妇不暇织，而一唯淫鬼之玩。……一岁之中，若是者凡几庙，民之被扰者凡几番”。④ 以妈祖信俗为例，相传妈祖姓林名默，莆田湄洲屿人，生于宋建隆元年（960），生前能预言祸福，善于观察天象，熟识水性，也懂得一些医理知识，经常救助当地民众和过往船只。雍熙四年（987）九月初九日，在救助海难中，年仅 28 岁的妈祖不幸被海浪卷走。妈祖死后，当地民众就在妈祖遇难处的海边立庙奉祀她，希望妈祖的灵魂能够和她生前一样保佑民众的生活、生产安全。为怀念和感恩妈祖，每逢元宵、农历三月廿三妈祖诞辰日和农历九月初九妈祖升天纪念日，闽台各地都会举行隆重的庙会活动。届时，妈祖宫庙内彩旗飘舞，珠灯齐明，民众扶老携幼前来祭拜妈祖。庙会期间，还会举行妈祖绕境巡游、演戏酬神、歌舞表演、妆架踩街、武术杂耍、升幡挂灯、游灯踩街等活动，敲锣打鼓，鞭炮连天，热闹非凡。

据文献史料记载，早在宋代，祭祈妈祖、到妈祖庙求签问卦，已成为地方的一种民间信俗。民众事无巨细，均问卜于妈祖。南宋

① 《夷坚志补》卷 20。

② 乾隆《德化县志》卷 14《人物志下》。

③ 万历《古田县志》卷 7《秩祀志》。

④ 道光《重纂福建通志》卷 56《风俗》。

绍兴二十年（1150），仙游籍特奏名进士廖鹏飞曾游览重建后的莆田圣墩顺济庙，并写下《圣墩祖庙重建顺济庙记》，这是目前已发现的最早的一篇妈祖文献资料，文中称："岁水旱则祷之，疠疫祟降则祷之，海寇盘亘则祷之，其应如响。故商舶尤借以指南，得吉卜而济。"① 至迟在元代，对妈祖的祭祀已形成一定规模的庙会。庙会，又称"庙市"或"节场"，既是我国传统的民俗文化活动，也是一种民间贸易集市，因通常在寺庙的节日或规定的日期举行且多设在庙内及其附近，故名。元代江西抚州乐安人何中（1265—1332），字太虚，一字养正，曾南游莆田，作有《莆阳歌五绝》（亦称《无题》）三首，其中第三首写道："天妃庙前社日时，女郎歌断彩鸳飞。林花满地瓜船散，城里官人排马归。"② 描写了元代莆田白湖顺济庙庙会的盛况。这种庙会活动，已不是单纯的祭祀海神妈祖的活动，而是包含有酬神娱神、祈福禳灾、商品贸易以及文化娱乐等多种功能于一身的民俗活动。

第四节　明清以降的闽台社会与信俗

一、明清以降的闽台社会

1. 社会经济文化的起伏

明初，朝廷实行轻徭薄赋政策，社会相对稳定，福建社会经济逐步得到恢复和发展，人口增加，农业、手工业、商业等均较前朝有比较大的发展，对外贸易持续发展，人民生活富庶。

然而从明中叶以后开始，我国东南沿海发生严重的倭患。当

---

①（宋）廖鹏飞：《圣墩祖庙重建顺济庙记》。见蒋维锬、郑丽航辑纂《妈祖文献史料汇编》（第一辑・碑记卷），中国档案出版社，2007 年，第 1 页。

②（元）何中：《莆阳歌五绝》。见蒋维锬、刘福铸辑纂《妈祖文献史料汇编》（第一辑・诗词卷），中国档案出版社，2007 年，第 8 页。

时，日本没落的封建主、武士、浪人和走私商人等，经常在中国沿海地区进行武装掠夺和骚扰，“时出剽掠，扰濒海之民”，历史上称为“倭寇”，福建深受其害。据统计，嘉靖三十六年（1557）至四十五年（1566）间，倭寇曾151次进犯福建，“所破城十余，掠子女财物数百万，官军吏民战及俘死者，不下十余万”①。倭寇一路烧杀抢掠，无恶不作，积尸盈野，惨不忍睹，“倭自嘉靖末，钞掠浙、直、闽、广，所屠戮不可胜数，即以吾闽论之，其陷兴化、福清、宁德诸郡县，焚杀一空，而兴化尤甚，几于洗城矣”。② 倭患之后至明末，经过长期的休养生息，福建社会经济比嘉靖之前更加富庶。以莆田为例，余飏在《莆变纪事》中云：“自倭寇扰乱十年，生齿损耗。嘉靖壬戌至崇祯甲申一百余年，休养生息，他不可知，即如霞林是吾母外家，吾常游其处，一年报新生子多至数十人。一姓如是，他姓可知，一乡如是，他乡可知。故吾乡生聚之盛，未有过于崇祯时也。”

清初福建作为反清复明的基地，战事频繁，地方社会经济文化遭到严重破坏。清军攻入福建后，为封锁固守厦门、金门的郑成功，断绝沿海民众与明郑政权的联系，顺治十三年（1656），清廷颁布禁海令，饬令沿海疆吏“把截隘巷”，“厉行海禁”，不许外地海船进口，亦不许本地船只出口。顺治十八年（1661），清廷又颁布了“迁界令”，强迫福建沿海一带民众悉数内迁，严禁商民船只私自出海，“着附海居民，搬入离城二十里内居住。二十里外，筑土为界，寸板不许下海。界外不许闲行，出界以违旨立杀。武兵不

① （清）谷应泰：《明史纪事本末》卷55《沿海倭乱》，上海古籍出版社，1994年。

② （明）谢肇淛：《五杂俎》卷4《地部二》，远方出版社，2006年，第102页。

时巡界，间有越界，一遇巡兵，登时斩首”。[①] 战乱、海禁与迁界政策，使福建沿海的社会、经济、文化都遭到严重的破坏，沿海一带土地荒芜，大片良田沦为海荡，人口锐减，经济衰退，哀鸿遍野。康熙二十三年（1684）之后，清政府诏令撤界，并实行一系列激励政策，经济、文化有所恢复。但康乾年间的“文字狱”，使知识分子噤若寒蝉，文人墨客缄口不言，许多优秀的人才或弃文从商，或隐居山林，或寄居佛门，文学艺术呈下移态势。

清代中后期，特别是鸦片战争爆发后，中国社会出现几千年未有之大变局，加上西方文化大量渗透，传统地方文化遇到前所未有的挑战，中西文化在碰撞中不断交流、融合。

2. 自然灾害频繁发生

闽台地处自然灾害多发的亚热带海洋性季风气候区，洪涝、干旱、台风等自然灾害出现的频率高、强度大、危害重，尤其是在明代至民国时期各种自然灾害更是频繁发生，闽台历史上比较大规模的水灾、旱灾、台风大多发生在这个时期。据统计，福建历史上有文献记载的水灾共发生 703 次，其中东晋至唐代共 7 次，宋代 78 次，元代 22 次，明代 210 次，清代 330 次，民国 56 次[②]，明代至民国时期福建共发生水灾 596 次，占总数的 84. 8%；旱灾共发生 358 次，其中唐代 3 次，宋代 39 次，元代 10 次，明代 102 次，清代 177 次，民国 27 次[③]，明代至民国时期福建共发生旱灾 306 次，占总数的 85. 5%；历史上台风在福建登陆 319 次，其中唐代 1 次，宋代 24 次，元代 3 次，明代 101 次，清代 167 次，民国 23 次[④]，明代至民国时期台风共登陆福建 291 次，占总数的 91. 2%。翻开

---

① （清）陈鸿：《国朝莆变小乘》，见陈支平主编：《台湾文献汇刊》第 2 辑第 14 册，厦门大学出版社、九州出版社，2004 年，第 238 页。

②③ 福建省地方志编纂委员会主编：《福建省志・民政志》，方志出版社，1997 年，第 85—87 页。

④ 林国平：《闽台民间信仰源流》，福建人民出版社，2003 年，第 16 页。

闽台各种地方志书，“大旱”“大疫”“大饥”“人相食”的记载屡见不鲜。频繁的自然灾害给闽台人民造成巨大的生命和财产损失。

3. 人口压力凸显

福建素有“八山一水一分田”之说，山多田少，虽地无旷土，人无遗力，竭力垦辟，然而土地贫瘠，山薄无泉，海近易泄，农作物收成十分有限，粮食不敷乃是常态。以泉州为例，万历《泉州府志》卷三称：“泉以望郡雄宇内，直征之文献耳，计之广轮之数视中州巨郡，仅能十之二三。封疆逼狭，物产硗瘠，桑蚕不登于筐茧，田亩不足于耕耘，稻米菽麦，丝缕锦絮，由来皆仰资吴浙。唯鱼虾蠃蛤之利稍稍称饶，民饭稻羹鱼为甘，于肉食不敢羡也……地利薄故其蓄聚少。”清代，福建缺粮问题益发严重。另一方面，明清时期福建人口持续增长。据统计，元代福建“仅有 700817 户，2935014 口”，至明洪武二十四年（1391），“户数增至 816803，口数增至 3293444”。[①] 而至清道光九年（1829），福建人口数剧增至 17228732 人。[②] 在地狭人稠、粮食不足的巨大压力下，福建人民或从事海上贸易活动，或大批移民海外，“望海谋生，十居五六”。

4. 闽台交往更为密切

明天启以后，福建人民凭借地缘相近，大批移居台湾。天启六年（1626）到崇祯四年（1631），福建连年灾荒，福建灾民纷纷横渡海峡，到台湾谋生。南安人郑芝龙以优厚条件招抚赴台垦荒饥民，清代黄宗羲《赐姓始末》称“乃招饥民数万人，人给银三两，三人给牛一头，用海舶载至台湾”。据徐鼒《小腆纪年》称，一时“漳泉之人，赴之如归市”。1662 年郑成功收复台湾，所带去台湾的官兵及其家眷即达 3 万多人，加上此后陆续到来的将士及其眷属和迁入的民众，总数达 15 余万人。[③] 清康熙以后，闽人迁台屡现高

① 朱维幹：《福建史稿》（下），福建教育出版社，1986 年，第 13 页。

② 朱维幹：《福建史稿》（下），福建教育出版社，1986 年，第 413 页。

③ 李培德：《泉州历史文化概览》，福建人民出版社，2021 年，第 213 页。

潮，甚至出现亲连亲、家人连家人、村民连村民的连锁性移民活动，在台湾形成同宗同姓、同祖籍或同村落的移民聚居区。1926 年，台湾居民祖籍调查的资料显示，在台湾 370 多万人口中，祖籍福建的占了绝大多数，约占全岛人数的 83.1%，其中泉州籍为 44.8%，漳州籍为 35.1%，汀州、福州、龙岩、兴化等地为3.2%。① 现在台湾居民主要是由四部分人组成的，即闽南人、客家人、外省人、高山族。据 1953 年台湾人口统计资料，"当时户数在 500 个以上的大姓有 100 个，其中有 63 姓族谱上都明确记载是在晋末、唐初和唐末，由中原地区迁往闽中，然后又在明清时期由闽中迁往台湾的。这 63 姓计有 67 万户，占全部户数的80.9%"。② 由此可见闽台两地紧密的亲缘关系。

当时的台湾尚未完全开发，高山密林，杂草丛生，瘴疠肆虐，生存环境十分恶劣。为了战胜风浪及入台后所面临的险恶环境，福建人民将家乡的妈祖、保生大帝、清水祖师等神像或香火袋作为护身符带入台湾。康熙以后，随着迁居台湾浪潮的到来，闽人或从家乡神庙恭请神像、香灰，或直接从先前入台的宫庙分灵，带至他们新垦辟的土地奉祀。在开发台湾的过程中，福建诸民间神明随着闽人移民的足迹，传遍了整个台湾。在台湾，影响较大的神明多是由闽人移民带过去的。吴瀛涛在《台湾民俗》一书中指出：据 1930 年调查，台湾有主神 175 种 3580 尊，其中：福德正神 674 尊、王爷 534 尊、妈祖 335 尊、观音 329 尊，此四神约占寺庙主神的半数。"而此等祭神大部分都是由福建以分身、分香、漂流三种方式传来者，也有传入后再传播本省各地者。"③

---

① 吕良弼主编：《五缘文化力研究》，海峡文艺出版社，2002 年，第 272 页。

② 吕良弼主编：《五缘文化力研究》，海峡文艺出版社，2002 年，第 271 页。

③ 吴瀛涛：《台湾民俗》，众文图书股份有限公司，1992 年，第 47—48 页。

二、明清以降的闽台信俗

1. 明清时期闽台信俗的鼎盛

明代以后，佛教和道教在福建逐渐衰落，特别是嘉靖以后衰落的速度加快。据《重纂福建通志》卷二六四、卷二六五《寺观》的记载，明代福建只兴建了八座道观。嘉靖后，由于倭寇频繁骚扰福建沿海和随之而来的明末战乱，“军储告匮”。为了筹集粮饷，缓解“军储告匮”之危机，官府对寺观田地加倍征收赋税，实行“寺租四六之法”，即“寺僧存之田以十分为率，四分给僧梵修（每亩输官粮差银八分），六分入官充饷（每亩输正赋银八分，加输充饷租银一钱二分，一赋一租共输银二钱）”①。这一“四六法”制度从嘉靖四十三年（1564）开始实行，一直延续到清乾隆元年（1736），对福建道教、佛教的打击是十分沉重的。几乎所有的道观都陷入困境，致使“道流零落，观宇颓废”②，道观田地“尽数不清入官”的记载不绝于书，大多数道观因年久失修而成废观。

与正统佛教、道教的衰落形成鲜明对比的是，明代以后福建的民间信俗却进入了兴盛阶段。正统宗教的衰落，“一方面迫使大批的僧尼道士走出寺院宫观，到民间诵经拜忏、祈福禳灾，另谋出路，在客观上导致了佛教和道教进一步世俗化，并使佛教和道教的理论渗透到民间信仰中去，促进福建民间信仰的繁荣兴盛；另一方面，由于‘僧逃寺废’的现象遍布城乡，百姓原有的宗教活动场所减少了，供奉地方神的宫庙遂成为百姓宗教活动的主要场所，客观上又为民间信仰提供了更为广阔的发展空间”。③

明代以后的福建民间信俗得到进一步的发展，有些神明拥有数十甚至数百座宫庙，其信徒人数之多、分布之广、社会影响之大远

① 乾隆《延平府志》卷15《田赋》。

② 嘉庆《南平县志》卷5《寺观》。

③ 林国平、彭文宇：《福建民间信仰》，福建人民出版社，2001年，第13页。

远超过前代，并随着移民、海商、船工水手等群体的足迹，传播到东南亚地区。在传播传承的过程中，闽台民间信俗还不断地与地方民俗文化相结合，形成各具特色的社会习俗，成为闽台人民生活的一部分。

在朝廷的大力倡导及官僚乡绅士大夫、海商、渔民、船工水手等群体的推动下，明清时期妈祖信俗得到迅速的发展，全国各地掀起了创建妈祖庙的热潮。据不完全统计，清代全国多个省份新建有为数众多的妈祖庙，其中福建省重建或新建妈祖庙 400 多座、浙江 100 多座、江苏 70 多座、广西 60 多座、山东 40 多座、上海 30 多座、西安 30 多座、东三省 30 多座、四川 152 座。[①]特别是在福建省，妈祖信俗在前代的基础上持续发展，并迅速扩及全省。在民国《福建通志·坛庙志》中，共有 53 个县记载有天后宫，其中尤以妈祖信仰发源地的莆仙地区为最，“据不完全统计，莆田在清代有妈祖宫庙 316 座，仙游也有上百座，形成了一个以莆仙地区为中心的妈祖信仰圈”[②]。妈祖信俗在宝岛台湾也得到迅速的发展。台澎地区妈祖信俗的盛行始于明郑时期。明代，妈祖信俗传到宝岛台湾。建于万历年间的澎湖天后宫是澎湖岛最古老的寺庙，也是全台湾地区最古老的妈祖庙，被称为“开台妈”。郑成功收复台湾是历史上规模最大的一次大陆人民移居台湾的风潮。施琅《尽陈所见疏》称：“郑成功亲带去水陆伪官兵并眷口共计三万有奇，为伍操戈者不满二万。又康熙三年间，郑经复带去伪官兵并眷口约有六七千，为伍操戈者不过四千。”郑成功及其手下大都为闽南人，普遍都有信仰妈祖的传统习俗，他们出征时船上都供奉妈祖神像，称为“船仔妈”或“船头妈”。据统计，清统一台湾以前，台湾已有十几座妈祖庙。清统一台湾后，全岛各地妈祖庙如雨后春笋般剧增，新建大小妈祖

① 蔡天新：《莆田海上丝绸之路》，厦门大学出版社，2021 年，第 373 页。

② 刘福铸：《论清代福建妈祖信仰的兴盛及其原因》，《武汉科技大学学报（社会科学版）》2007 年第 2 期。

庙 222 座。[①]

在清代，向妈祖祈求平安已成为一种普遍的社会习俗。据史料记载，沿海商人“惯习通番，每一舶必置妈祖妃像，中燃祖庙信香”。[②]清代地理学家郁永河《海上纪略》载：“海神唯马（妈）祖最灵，即古天妃神也。凡海舶危难，有祷必应……船中例设马祖棍，凡值大鱼水怪欲近船，则以马祖棍连击船舷，即遁去。”由对妈祖崇拜而形成的船上供妈祖像、备妈祖棍等习俗已成为人们生产生活的一部分。不仅沿海居民奉祀妈祖，而且许多内地县区民众也把妈祖当作自家的保护神，甚至在少数民族聚居的地方也建有天后宫。妈祖的敬仰者已不限于与海有关的海商船户，而是扩展到各个行业。妈祖不仅被视为航海保护神，而且被赋予祈雨、御寇弥盗、捍灾御患、保境安民、消灾解厄、保佑妇女儿童以及送子等多种职能，妈祖成为全能神。

临水夫人，俗名陈靖姑，福州下渡人（今福州仓山区下藤路一带），传说生于唐大历二年（767），卒于贞元六年（790），生前是个女巫，死后被人奉为“扶胎救产，保赤佑童”的女神，在闽台拥有广泛的信众。陈靖姑信俗始于唐贞元年间。宋代在朝廷的推崇下，临水夫人信俗得到迅速的发展，由古田一地扩大到闽台其他地方，“英灵著于八闽”。到了清代，临水夫人信俗不仅在福建省内继续传播，而且向北传入浙江，往东南横跨台湾海峡传入台湾和东南亚地区。清代临水夫人既是妇女儿童的保护神，专司保胎助产，替妇女儿童消灾解厄，也有添丁增寿、保佑合家平安等职能。在闽台民间，形成有许多独特的临水夫人信仰习俗，如“请花”“请香炉”“过关”等。

保生大帝又称吴真人、大道公等，原名吴本，原泉州同安县白

---

① 朱天顺：《清代以后妈祖信仰传播的主要历史条件》，《台湾研究集刊》1986 年第 2 期。

② 蔡天新：《莆田海上丝绸之路》，厦门大学出版社，2021 年，第 377 页。

礁人，生前是北宋时期同安的一位民间医生，因医术精湛，悬壶济世，惠及一方，死后被百姓奉为神明，“肖像而敬事之”，成为闽南地区最有影响的医神。乾道元年（1165），宋孝宗赐予“慈济”庙额。南宋，保生大帝的影响迅速扩大，在福建的许多地方都建有奉祀吴本的庙宇，但其信徒也仅仅限于闽南地区。到了明清时期，保生大帝信仰发展到鼎盛，并随移民浪潮传入我国台湾地区以及东南亚地区，其职能也逐渐由最初的医神扩展为消灾除患、无所不能的地方保护神。明清时期，在闽南地区到慈济宫求签问药已成为社会风俗。在闽台数以百计的保生大帝庙中普遍设有药签，供信众问病求卜，“药签一般分男科、外科、儿科、妇科四种，有手抄本、铅印本和木刻简三种类型”①。

汉代以来何氏九仙信俗在闽台地区也有一定的影响，福州、福清、莆田、仙游、德化、台湾等地都有奉祀何氏九仙的九仙观或九仙祠，特别是仙游九鲤湖一直都是九仙信俗、祈梦的重要场所。福建祈梦之风自古盛行，而以仙游九鲤湖祈梦最负盛名，正所谓“九鲤祈梦，海内咸知”。明代是九鲤湖祈梦习俗的鼎盛时期，所谓“九鲤有人争乞梦”“长老传闻多说梦”“夜夜游人问梦频”“人间车马皆因梦”等诗句均是对当时九鲤湖盛况空前祈梦场景的真实写照。

从前来祈梦者的籍贯、身份来看，不仅各地的善男信女们蜂拥而至，就连省内外的王公巨卿、文人墨客也纷至沓来，“靡不闻风而翘想之”，“莫不函疏叩关而至”。林环、柯潜、朱熤、林弥宣、康雍、林富、刘勋、林若周、林茂竹、吴大田、林应标、黄金、黄应升、康大和、郑瑞星等地方名人，福州林廷棉、晋江陈让、兴化郡丞朱海、南安傅凯，以及江西汪应蛟、太仓王世懋、江阴徐霞客、鄞县屠隆、桐城方以智、吴门唐寅等一代名流都曾慕名到九鲤湖祈梦，并留下了许多神奇、灵验的祈梦故事。

---

① 林国平、彭文宇：《福建民间信仰》，福建人民出版社，2001 年，第 238 页。

从祈问内容来看，明代人们到九鲤湖向何氏九仙祈梦卜问的内容已不限于科举功名，而是涉及子嗣、寿数、经商、疾病、出行、迁居等生活方方面面的内容，这在地方志书、文人笔记小说、明代各种版本的《九鲤湖志》及家谱家乘中所记载的诸多九鲤祈梦灵验故事中可见一斑。兹举数例，以管中窥豹。为科举功名向九仙祈梦者，如莆田人林环“未第时，祈九鲤湖”，柯潜“未第时，祷于九鲤仙祠”，康雍“少以文学自负，谒九鲤仙卜功名就否”，人称神童的莆田人戴大宾“年十三，魁闽省，祈梦九鲤庙，卜会试”，莆田人林大中“祈功名于仙祠”，黄应升“谒九鲤祈功名”，郑生“庚子科求梦仙祠”，莆田人康大和“祈功名于鲤湖”，晋江陈让“嘉靖辛卯科往九仙庙祈秋试”，莆田郭应聘“谒梦鲤湖问功名”，丰城涂副使“祈功名于九鲤仙祠”，莆田人林兆恩三十岁时“将应乡试，族人代祈梦”。为寿命祈梦的有：吴门文徵明父亲文林守温州时，“令人持疏至九鲤祈寿数”。为子嗣来祈梦的有：莆田人朱煜“未有子时，以子息、寿数二事乞梦仙祠”，姑苏顾圣于嘉靖乙丑（1565）“以无子之九鲤湖乞灵”。祈问运气的如：长兴臧损斋，“少时有母舅宦游闽中，托祈梦于九鲤湖，用卜一生穷达”。问出行的，如南安人傅凯“使夷域，谒祠问出使事”。还有问男女的，如：福州守贺霖夫人怀孕时，贺霖“遣人入九鲤丐梦”，问生男还是生女；弘治元年（1488），时任兴化郡丞的朱海“因夫人又妊，求梦于九鲤仙，卜男女”。[①] 由此可见，明代何氏九仙的职能十分广泛，能够满足人们各种各样乞梦需求，人们事无巨细，也都要到九鲤湖向何氏九仙祈梦，以定吉凶。

明清时期，随着民间信俗的广泛传播，地方神明的传说故事被大量创作出来，或在民间口头流传，或载之于方志、文人笔记小说之中，各类经书、小说、戏曲等文献大量涌现。

① 仙游县九鲤湖风景区管委会编：《九鲤湖志》，华夏文化出版社，2022年，第291—305页。

如有关妈祖的文献有：创作于明代后期的《天妃显圣录》，书中收录有历朝显圣褒封、历朝褒封致祭诏诰、诞降本传、灵异和灵应事迹等。成稿于明初、初刊于永乐十四年（1416）的《太上老君说天妃救苦灵验经》一卷，是迄今为止发现的最早的一部妈祖经书，全经以太上老君的口吻叙说妈祖的传奇一生及其种种灵应故事，歌颂妈祖的大慈大悲、神通广大，渲染妈祖的道教神仙身份，把妈祖的诞生说成是太上老君“令妙行玉女降生人间，救民疾苦”，而且第一次提到妈祖的出生年月日“乃于庚申之岁三月二十三日辰时，降生世间”，消灾解厄，救度生民，把妈祖塑造成无所不能的神仙。明代出现的妈祖题材小说有《天妃娘妈传》及《三宝太监西洋记》。明代妈祖题材的戏曲以宫廷杂剧《奉天命三保下西洋》为代表。

明清时期有关九鲤湖祈梦的文献记载也是不胜枚举。《莆阳比事》《仙溪志》《八闽通志》《闽书》等地方志书都载有地方名流、文人墨客到九鲤湖祈梦的故事。随着九鲤湖影响的扩大，明代先后出现了四种不同版本的《九鲤湖志》，分别是嘉靖至万历年初莆田人陈言编的《九鲤湖志》、万历十四年（1586）莆田人黄天全编的《九鲤湖志》、万历三十五年（1607）康当世编的《九鲤湖志》以及万历四十三年（1615）方应侁、柯宪世编的《九鲤湖志》。这四种版本的《九鲤湖志》书中除介绍九鲤湖山水、建置、文人墨客诗词歌赋外，都记录有数量不一的梦验故事。此外，陆粲《庚巳编》、徐祯卿《异林》、包汝楫《南中纪闻》、陆延枝《说听》、冯梦龙《古今谭概》、赵世显《客窗随笔》、陈良谟《见闻纪训》等文献中都记载有士大夫到九鲤湖乞梦的故事，甚至在《鸣凤记》等戏本中也有相关情节，足见明代九鲤湖祈梦习俗之鼎盛。

此外，临水夫人、保生大帝、二徐真人等地方神明的传说故事在闽台地区也广为流传，限于篇幅，这里不一一赘述。

2. 近代以来闽台信俗的传承与发展

民国时期虽然实行信仰自由政策，佛教、道教及各种民间宗教信俗得以合法存在。然而，新文化运动后，各地宗教有消沉迹象。1928年，国民政府内政部颁发了《神祠存废标准》，将全国各地的庙宇分为四类，即“先哲类”“宗教类”“古神类”和“淫祠类”。其中，其中，“先哲类”包括黄帝、大禹、孔子、关羽、岳飞等祠，此类庙宇“一律保存，以志景仰”；佛教、道教、伊斯兰教、基督教等各大宗教划入“宗教类”，归属保护之列；“古神类”指日月星辰、风雨雷电之神以及火神、龙王、城隍、文昌、土地公等神祠，这类神庙“在古代多认为可祀之神，明清以来，载之祀典，然以现代之潮流考之，均无存在之价值矣”，“亟应详加更正”；“淫祠类”则专指各种形形色色的民间信俗，政府认为此类祠庙“假木偶泥塑，蛊惑人心，为患社会”，“盘踞人心为害最烈者”，必须加以取缔。[①] 据此《神祠存废标准》，民间信俗的各种庙宇被列入“淫祠”名单，不少宫庙或年久失修，或改作他用，甚至被拆毁，民间信俗活动受到严重的冲击。

1949年新中国成立后，一直到改革开放之前，由于历史和政治等诸多方面的原因，民间信俗活动逐渐消沉。改革开放后，随着宗教信仰自由政策的出台和落实，民间信俗活动得以恢复，不仅各地的宫庙被修葺一新，甚至还出现了不少新庙，而且各种民间信俗活动得到进一步的传承与发展。尤其是改革开放以来，海峡两岸还掀起了一股民俗热，数以万计的信众涌向大陆祖庙，或朝拜，或虔请香火，或“走娘家”，或寻根谒祖，民间信俗活动热火朝天开展起来。不少民间信俗还被列为非物质文化遗产，2009年9月30日，联合国教科文组织政府间保护非物质文化遗产第四次委员会将“妈祖信俗”列入《人类非物质文化遗产代表作名录》，妈祖信俗成为我国首个信俗类的世界非物质文化遗产。

① 《神祠存废标准》，见《中华民国史档案资料汇编》第5辑第1编“文化（一）”，江苏古籍出版社，1994年，第498—506页。

第二章 闽台民间信俗中的“福”文化

趋吉避凶、祈福纳祥是民众的普遍心理，这种心理在民间信俗的神明祭祀、岁时节日及信仰习俗中有种种表现。民间信仰习俗寄托着民众对生活的美好祝愿，反映了人们对幸福生活的向往和追求，蕴含着深邃的“福”文化。

第一节　祭祀活动中的“福”文化

一、祭祀概述

“祭”字，始见于商代甲骨文，是一个会意字。在甲骨文中，“祭”字左边是一块带有血水的鲜肉，右边是“又”（手），意指手拿着肉奉献给神明。汉许慎《说文解字》称：“祭，祀也。从示。以手持肉。”“祀”为形声字，始见于甲骨文，从示，巳声，本义指永久祭祀。《说文解字》：“祀，祭无已也。”因此，从字形上来看，“祭祀”本义是指向神明敬献供品以祈求风调雨顺，降福消灾，后来逐渐延伸为对已故之人表示敬意、追悼的一种仪式。

我国历代帝王十分重视对神明的祭祀。《礼记·祭统》云：“凡治人之道，莫急于礼；礼有五经，莫重于祭。”《礼记·祭法》云：“有天下者祭百神。”《左传》更视祭祀神明和军事行动为国家最重要的两件大事，称“国之大事，在祀与戎”。祭祀的标准很简单，凡是能造福于民、消灾解厄的神明均可享受国家祭祀。《礼记·祭法》规定：“夫圣王之制祭祀也，法施于民则祀之，以死勤事则祀之，以劳定国则祀之，能御大患则祀之，能捍大患则祀之。”

从古至今，中国民间一直保留着祭祀众神的习俗，祭祀的目的无非有以下五种：一是向神明表达崇敬之情，二是祈福，三是谢恩，四是谢罪，五是避祟，而后面四种从本质上来讲，均是为了趋吉避凶，趋福避祸，都体现了民间老百姓对“福”的追求。

二、闽台福神

受实用性和功利性的驱使，闽台民众不仅兼收并蓄儒、释、道各教人物神明，还创造了大量本地特有的神明，使得闽台民间奉祀的神明可谓无奇不有，蔚为壮观，上至日月星辰，下至飞禽走兽，各种动植物乃至非生物，都可以成为人们崇拜奉祀的对象。闽台人民奉祀的神明数量之多、崇祀热情之高昂、供奉活动之丰富，在全国实属罕见。正如清末民国泉州名士吴增在其所作《泉俗激刺篇》中所言：“淫祠多无算，有宫又有馆，捏造名号千百款，禽兽与水族，朽骨与枯木，塑像便求福。”① 又如道光《厦门志》称：“邪怪交作，石狮无言而称爷，大树无故而立祀，木偶漂拾，古柩嘶风，猜神疑仙，一唱百和。酒肉香纸，男妇狂趋。平日扪一钱，汗出三日，食不下咽，独斋僧建刹、泥佛作醮，倾囊倒箧，罔敢吝啬。”②

土地神是我国古代农业社会自然崇拜意识的产物，在我国民间信俗的神祇中，土地神的影响最为广泛，遍布城乡各隅，甚至可以毫不夸张地说，凡是有人烟的地方必供奉土地神。我国先民把土地神和祭祀土地之神的地方统称为“社”，《说文解字》称：“社，地主也，从示从土。”《礼记·郊特牲》言：“社，所以神地之道也。”

---

① 吴增：《泉俗激刺篇·多淫祠》。

② 道光《厦门志》卷15《风俗记·俗尚》。

按照惯例，每逢播种或收获季节，人们都要到社庙祭祀土地神，祈求五谷丰登或酬报土地神保佑，所谓“春祈秋报”也。

闽台民间称土地神为土地公、福德正神、社公、社神、土神、土地伯公、公王等，其形象多为峨冠博带、白胡须，笑容可掬，手持金元宝。在闽台地区，街头巷尾、房前屋后、田间地头……随处可见土地公庙。仅台湾桃园市 13 个区就有大大小小的土地公庙 966 座，其中只有 5 万多人口的大园区就有 125 座土地公庙[①]，土地公庙分布之密集由此可见一斑。

通常每逢农历初一、十五，各境境内居民会到社庙焚香祈福。除此之外，一般在每年正月元宵前后以及神祇诞辰日都会举行隆重的祭祀活动。《八闽通志》卷三《地理》称兴化府“祈年自十三日起至十七日止，里民各合其闾社之人，为祈年醮。是夜以鼓乐迎其土神，遍行境内，民家各设香案候神，至则奠酒果，焚楮钱，拜送之，亦古者乡人傩之遗意也。”[②] 弘治《重刊兴化府志》卷十五载：“各社会首于月半前后集众作祈年醮，及舁社主绕境。鼓乐导前，张灯照路，无一家不到者。”正统《福建兴化县志》卷三《风俗志》亦载曰：“（上元）各乡轮立福首，率社众盛饬旗鼓仪从以迎里祠，各家仍设酒果香烛候迎，会宴而去，周则设醮于里社之中，以祈景福。”长汀四都渔溪村村民在元宵前后数日要举行祭祀石社公及“打石公”民俗活动，以祈求石社公保佑农田得到及时灌溉和粮食丰收。[③]民间传说，农历二月初二为土地公生日，称“土地公诞”“社公诞”，也称“开春节”。是日，民众要到社庙举行隆重的祭祀仪式，祈求风调雨顺、五谷丰收。除了在固定的祠庙举行奉祀活动外，闽台民间还有在旷野田间露祭土地公的习俗。如旧时尤溪、大

---

① 宋全忠：《台湾的“土地公”信仰》，《两岸关系》2007 年第 3 期。

② （明）黄仲昭：《八闽通志》（上），福建人民出版社，1990 年，第 50 页。

③ 王皎皎：《闽西客家传统村落土地公信仰空间研究》，华侨大学硕士学位论文，2022 年，第 35 页。

田等地农民会于立春日在田间地头设坛供祭土地公，俗称“起田头”；上杭农民开春后初次下地，要到田旁的大树或石壁上供祭土地神，祈求好收成。不仅农民祭拜土地神，工商业者也供奉土地公，虔诚致祭。每年农历二月至十二月的初二、十六，都要在商铺门口露天处摆上供品，焚香燃烛，祭祀土地公，祈求生意兴隆、财源广进，俗称“做牙”，其中二月初二称“头牙”，十二月十六称“尾牙”，最为隆重。在闽台民众看来，虽然土地公神级最低，但他职掌范围十分广泛，不仅主宰农作物的丰歉收成，还有送子、驱逐疫疠、拔除不祥等多种职能，在民众眼中，土地公既是地方保护神，也是财神、福神。

闽台地区的一些社庙还陪祀社妈，并流行向社妈“请花”求子的习俗。据《莆田市志》卷四十一《民俗·节令习俗》载：在元宵节社炉绕境的同时，行傩的执事以木雕的“社妈”一尊，头上插满鲜花，向各户“散花”，妇女祈子者，虔诚地从“社妈”头上取下一花插在自己头上，名为“请花”。①

玉皇大帝，闽台民间俗称天公、天公祖、玉帝。传说，正月初九是玉皇大帝诞辰，俗称“天公生”“天诞”。这一天，闽台民间总要隆重祭祀一番。同治《泉州府志》卷二十《风俗·岁时》云：“初九日，《闽书》：泉人谓是日为天诞。《玉皇本行经》：玉皇以是日度世。按干宝《搜神记》：玉皇乃外国王子之成佛者，具有父母姓名，今即以为天，误矣。道观多报赛，近则里巷有之，乡村之间无定日，谓之天香。”《厦门志》卷十五《风俗记》亦称：“初九日，设香案向户外祀之，爆竹之声达旦，名曰“祭天”，富家演剧。《闽书》：泉人以是日为天诞日，厦则称为玉皇生日，占一年暴期，以此日为准。干宝《搜神记》：玉皇，外国之王子之成佛者。”按照闽台民间的说法，天公是天上的至高神，统领天界各路神祇，因此对

① 福建省莆田市地方志编纂委员会编：《莆田市志》（第三册），方志出版社，2001 年，第 2572 页。

天公的祭祀要比其他神明更为隆重一些。《台湾省通志》卷二《人民志·礼俗篇》称："天公有生成保育万物之德，为神之至尊，故礼极隆重，所备牲醴须五牲，用鸡必须阉鸡或雄鸡。"是日，闽台民间每家每户在正厅门口搭起"三界桌"，桌上叠桌或用条椅将桌垫高，上桌摆满丰盛斋筵、果盒、茶酒等，以敬玉皇，祈求玉皇大帝保佑新的一年风调雨顺、五谷丰登、人财两旺。下桌另摆五牲或三牲、红龟粿和茶酒等，以敬天兵神将。祭典从午夜子时起，全家上下沐浴清净，依祭拜程序向天公行三跪九叩大礼，最后烧金纸。①

中国人崇福尚福、祈福盼福。在漫长历史长河的不同时期、不同地区，中国人民创造了不同的福神，祈盼福神高照，迎福纳吉，福运绵长。中国最早的福神是福星，又称岁星，即木星。早在唐代，人们就视木星为福神，认为"岁星所照，能降福于民"。每逢春节，家家户户都要祭拜木星，祈求新的一年福星高照，降福于人。唐代以后，人们又奉阳城（一说杨成）、魏徵、真武大帝等为福神，而闽台民间比较普遍奉祀的福神是天官。三官信仰是道教神仙信仰之一，所谓"三官"即天官、地官、水官。道教认为天官赐福、地官赦罪、水官解厄。三官之中以天官最为尊贵，为三官之首，专司降福于人间，因此，人们祭祀天官以祈求天官赐福。每逢辞旧迎新之际，民间喜贴"天官赐福"年画。"天官赐福"年画有多种版本，有的年画中的天官是一名身穿大红官服的一品大员，慈眉善目，手持展开的"天官赐福"诰命，年画中还有蝙蝠从天而降，寓意上天赐福、人间得福。有的年画中天官怀抱玉如意，身旁环绕着手中各持不同吉祥物的五位童子，寓意天官赐福、受福之人遂心如意。有的年画中天官满脸笑容，手抱五位童子，童子手中分别捧着吉庆花灯、春梅、佛手、石榴、仙桃，寓意福星高照、福寿

---

① 朱天顺：《闽台民间天公信仰》，《台湾研究集刊》1993年第1期。

双全、喜上眉梢。[①]

关帝，又称关圣帝君、关公等，原名关羽，字云长，三国名将，曾追随刘备东征西讨，立下赫赫战功。死后，屡被加封，道教封其为“关圣帝君”，佛教封其为伽蓝神，儒家学者则称其为关夫子、武圣人。在民间，关羽被视为忠、义、勇的化身。明代，关帝信仰在全国各地的影响都很大，明谢肇淛在《五杂俎》卷15《事部三》中说：“今天下神祠香火之盛莫过于关壮缪。”李光缙在《关帝庙记》中也说：“今天下祠汉寿亭侯者，遍郡国而是，其在吾泉建宫，毋虑百数。……上自监司守令居是邦者，迨郡荐绅学士，红女婴孺，亡不人人奔走，祷靡不应。”闽台地区的关帝信俗影响也不小，城乡各地随处可见关帝庙，既有主祀关帝的庙宇，也有不少宫庙将关帝作为陪神供奉。

妈祖，原名林默，又称林默娘、林默姑，生于宋建隆元年（960），死于雍熙四年（987），在世28个春秋，父亲林愿，母亲王氏，莆田湄洲屿人，相传生前能预言人的祸福，善于观察天象、熟识水性，也懂得一些医理知识，为当地百姓和过往船商做过许多好事，在当地群众中颇有影响。相传，在宋雍熙四年（987），年仅28岁的妈祖，在一次救助海难中献出了自己年轻的生命。妈祖死后，湄洲当地居民便立庙祭祀，希望妈祖的灵魂能够像她生前一样护佑人们的生活、生产安全，妈祖信仰习俗由此产生。此后，在历代封建帝王、地方乡绅、渔民、移民、海商、船工、水手等群体的崇祀和推崇下，妈祖信俗迅速地由其发祥地福建莆田湄洲传播到我国沿海沿江各地乃至世界各地。据不完全统计，目前全世界有上万座妈祖宫庙，约3亿信众。每逢农历三月二十三妈祖诞辰日及农历九月初九妈祖升天日，各地都会举行隆重的庙会活动。届时，妈祖宫庙内彩旗飘舞，珠灯齐明，民众扶老携幼前来祭拜妈祖。庙会期

① 李江：《中国传统福文化研究》，中国轻工业出版社，2019年，第86—87页。

间，还会举行妈祖绕境巡游、演戏酬神、歌舞表演、妆架踩街、武术杂耍、升幡挂灯、游灯踩街等活动，敲锣打鼓，鞭炮连天，人神共娱，各种民间传统技艺轮番展示，异彩纷呈，热闹非凡。经过千年的传承，妈祖信俗早已成为一种有广泛而深刻社会影响力的民俗文化，正因为如此，2009 年 9 月 30 日，联合国教科文组织将“妈祖信俗”列入人类非物质文化遗产代表作名录。

此外，闽台民间对城隍、灶神、王爷、临水夫人、保生大帝、清水祖师、三平祖师、田公元帅、法主公、法主仙妃、吴圣天妃等各路神祇的祭祀活动，其目的无一例外都是为了消灾解厄、趋福避祸，而这种祭神、敬神、娱神、祈神、人神共娱的活动，更是向世人展现了一幅歌舞升平、国泰民安、欢乐祥和的幸福画卷。

三、祭祀供品中的“福”文化

祭祀神明时，要向神明供奉香、花、灯、水、果，俗称“五供”或“五献”，象征五行。在我国，祭祀焚香之俗由来已久，早在西周时期就已有之。中国先民认为通过焚香可以辟秽除邪、禳灾祷福、祈佑平安，因此香被列为五供之首，烧香也因此成为求神拜佛、祈福禳灾的代名词。

果通常有桃、佛手、石榴、苹果、橘子等。根据文献资料的记载，早在西周时期，我国先民就已种植桃树，我国最早的诗歌总集——《诗经》中就有“桃之夭夭，其华灼灼”“华如桃李”“投我以桃，报之以李”“园有桃，其实之肴”等句。桃树被赋予吉祥、长寿等民俗象征意义，桃花盛开是春天与美好生活的象征；桃木被视为仙木，俗信桃木能压邪气、制百鬼，道士作法驱邪制鬼时会用到桃木剑；桃子寓意延年益寿，神话传说吃了西王母种的蟠桃可以寿与天齐；传统年画中的寿星右手拿着桃木拐杖，左手捧着仙桃。因此，人们常以桃子代表长寿，闽台民间在给老人做寿时，常制作面食桃子“寿桃”。

佛手，又称佛手柑，属常绿灌木或小乔木，其果实在成熟时皮

进香祝福

心分离，形状奇特，状如手指，色泽金黄，香气浓郁，故名“佛手”，被称为果中之仙品。《本草纲目》称：“其实状如人手，有指，俗呼为佛手柑。”因“佛”与“福”谐音，因而佛手也是吉祥如意的象征。

石榴原产西域，汉代传入中国。在中国传统文化中，石榴是富贵、吉祥、繁荣昌盛的象征。石榴花多红色，中国人向来喜欢红色，满枝火红的石榴花寓意红红火火，因此很多人喜欢在院子里种上一两棵石榴树，希望生活、事业、家庭如石榴花般红红火火，蒸蒸日上。石榴果实多室、多籽，古人称石榴“千房同膜，千子如一”，故而人们常借石榴多籽来寓意多子多孙，祝愿子孙繁衍，家族人丁兴旺。

苹果，又被称为平安果、超凡子，属蔷薇科植物，元朝时从中亚传入中国。苹果具有很高的食用价值，且价格亲民，又因“苹”与“平”同音，故祭祀神祇时喜用苹果，寓意平平安安，象征平安和幸福的到来。

橘子的“橘”与“吉”谐音，因此被赋予大吉大利、吉祥如意的寓意。橘子外皮颜色呈鲜艳的橙色，十分喜庆，祭祀神祇时人们常用橘子，以图吉利。在莆田黄石浦口宫，每年正月元宵节期间都会搭橘塔祭祀江梅妃，橘塔上贴用红纸剪下的国泰民安、风调雨顺、吉祥如意、五谷丰登、繁荣昌盛等字，表达人们的美好祈愿。元宵活动结束后，人们会卸下橘塔上的橘子，分发给村民，表示赐福保安康。浦口宫橘塔历史悠久，技艺精湛，被列入福建省非物质文化遗产代表性项目名录。

当然，祭祀神祇时，除供果外，还有各种生熟牲礼、山珍海味、荤素面食等，这些供品各有寓意，反映了人们对幸福美好生活的向往和追求。

以湄洲妈祖祖庙供品为例，每逢妈祖诞辰、升天纪念日及传统节庆，湄洲祖庙都会摆列“筵桌”隆重祭祀妈祖，其供品种类之繁多，制作技艺之精湛，令人叹为观止。按照清乾隆年间的定制，湄洲祖庙的妈祖供品分荤制供品和斋素供品两大类 174 个品种。荤制供品由各类海鲜制作而成，有二龙戏珠、鸳鸯贵子、平升三级、年年如意、连年有余、西施浣纱、多福多寿、和合如意、平安欢乐、级角连登、寿献兰孙、欢天喜地、鸳鸯戏水、麻姑献寿、风调雨顺、美戈小娥、杏林春燕、喜在眼前、吉祥万年、封侯挂印、喜报三元、家家得利、鹤鹿同春、宜男多子、春风得意、年年大吉、官上加官、海龟朝圣、和合万年、英雄斗志、并蒂同心、宝黛之缘、五子登科、三星高照、嫦娥奔月、金玉满堂、宜男益寿、同偕到老、义之爱鹅、三阳开泰、洞天一品、凤麟呈祥、心莲馨香、松鹤长春、加官受禄、嵩山百寿、二甲传胪、单凤朝阳、尚书红杏、双狮戏球、翘盼福音、鸾凤和鸣、带子上朝、富贵耄耋、春光长寿、大吉大利、状元祝寿、瑶池进酿、玉树临风、麒麟送子、九秋同庆、招财进宝、曼倩戏桃、齐眉祝寿、富贵平安、天仙拱寿、和合二圣、芝兰竞秀、渔翁得利、双喜临门、寿居耄耋、天赐五福、九世同居、夫荣妻贵、长春白头、杞菊延年、一团和气、华封三祝、刘海洒钱、正午牡丹、福缘善庆、冠带传流、天生寿芝、喜相逢、代代寿仙、百事如意、一路连科、喜庆有余、百事大吉、弄玉乘凤、吉祥如意、富贵万代、天官赐福、弯弯大顺、天中集瑞、三元及第、仙壶集庆、长命富贵、竹梅双喜、福禄寿全、八仙祝寿、一路荣华、欣欣向荣、岁岁平安、一路平安、紫气东来、群山祝寿、连中三元、百头富贵、举家欢乐、松菊犹存、长生不老、安居乐业、九重春色共 114 种。海鲜类供品命名或源于历史典故，或源于莆仙戏人物，或源于道教经义，或源于民间民俗，寄托了人们对美好生活的种种期盼。斋素供品又可分为面制类和斋菜类两种。面制类以淀粉、面粉为食材，制作成海鲜造型，有三喜鱼卷、金鱼卧莲、蛟龙戏珠、虾兵助战、蟹将点兵、甲鱼堆沙、飞鱼献子、黄花闺女、故国莼鲈、鲋鱼拜母、八珍鲍鱼、鲤跃龙门、双蛤戏水、青蟹望月、马鲛朝圣、龙虾献瑞、海鳗团圆、五世其鲳、海龟祝寿、龙传百代、鲢在一心、年年鱿鱼、鲨鱼追月、可见一斑、力鱼上滩、刀鱼比剑、老蚌生珠、扇贝送凉、蛎房藏玉、金枪无敌、乌鱼出水、玉柱瑶台、对虾戏蝶、蟾宫折桂、正逢其鲥、虎鱼生威共 36 种。民间传说农历三月廿三前后，四海龙王携水族来湄洲岛拜谒妈祖，为免惊动前来朝拜的水族，千百年来湄洲渔民约定俗成在农历三月廿三前后数日禁止下海捕鱼、垂钓。禁捕期间，海鲜供品便用面制海鲜来代替，这是湄洲民众保护自然、尊重自然思想在妈祖信俗中的反映。斋菜类有虞舜感天、仲由负米、子骞顺母、曾参啮指、莱子娱亲、鹿乳奉亲、文帝尝药、郭巨埋儿、江革供母、涌泉跃鲤、扇枕温衾、蔡顺供亲、董永卖身、庭坚亲涤、陆绩怀橘、孟宗哭竹、闻雷泣墓、卧冰求鲤、吴猛恣蚊、杨香救父、丁兰刻木、夫人乳姑、寿昌弃官、黔娄忧心共 24 种，均取名于二十四孝的故事。除此之外，还有长生不老、长命富贵、九世同居、长发其祥、福海寿山、四季常青、竹报平安、一路平安、吉祥如意、一团和气等自由创作类供品。由此可见，妈祖供品既展现了中华民族传统美食的文化精髓，也体现了人们对幸福生活的向往与追求。[①]

祭祀活动最后，还要燃放爆竹，整个祭祀活动宣告圆满结束。尽管现在许多地方明令禁止燃放烟花爆竹，但在中国传统社会，爆竹乃象征福运的吉祥之物，但凡开张营业、新房上梁、乔迁、婚丧嫁娶、辞旧迎新、迎神祭祀等，均要燃放爆竹，其作用既在于点缀喜庆气氛，表达喜悦之情，更有驱邪祈福之意。正如宋代诗人范成大《爆竹行》中所言："一声两声百鬼惊，三声四声鬼巢倾。十声百声神道宁，八方上下皆和平。"可见，爆竹也是"民间用于追求福运的一种利器"[②]。

第二节　岁时节令中的"福"文化

岁时节令也称时节、岁时、时令等，是民俗学中的一个重要范畴，是我国先民根据天时、物候的周期性转换在长期的社会生活生产实践中形成的约定俗成的集体性习俗活动。这些社会习俗世世代代传承下来，是中华民族传统文化中不可缺少的一部分。在中国传统社会，无节不祭祀，所有的岁时节令的产生大多都与神明祭祀有关，都是人们祈望风调雨顺、五谷丰登、人畜兴旺、出入平安的反映，蕴含有丰富的"福"文化。

闽台岁时年节习俗大同小异，高拱乾《台湾府志》卷七《风土志》称："凡此岁时所载，多漳、泉之人流寓于台者，故所尚，亦大概相似云。"

---

① 林国良主编：《莆田妈祖信俗大观》，海风出版社，2014年，第207—210页。

② 勾承益：《福·福气·福音——中国民间求福习俗》，四川人民出版社，2009年，第189页。

一、春节祈年接福忙

春节，古称“元旦”，又称新年、大年、新岁，俗称“年”，是我国持续时间最长、规模最大、最为隆重盛大的传统节日。传统意义上的春节从腊月初八的腊祭或腊月二十三或二十四的祭灶开始，一直持续到正月十五元宵。春节期间，各地都会举行丰富多彩的各种活动，如贴春联、开正、祭祀、拜年、游乐等，这些活动“以喜庆丰收、预祝来年吉祥幸福、安康发财、万事如意为主要意义，以祭祀神佛、祭奠祖先、除旧布新、迎禧接福、阖家团聚、乡里社交为主要内容”[①]。

除夕午夜过后，子时到卯时之间，在闽台民间，家家户户都要开启大门，点烛焚香，燃放烟花爆竹，俗称“开正”，既表示迎接新年的到来，也祈求新的一年吉利和顺、吉祥如意。开正过后，就要祭祀神明，摆上酒、水果、糕点、牲醴、鲜花等供品，全家人穿戴一新，由家中长者主持，点烛焚香，烧金纸，先祭拜天地神明，再祭祖先，祈求新的一年阖家幸福、万事顺遂、多福多寿。

春节期间，民众也会自发到附近宫庙烧香祈福。大年初一一大早，闽台民间各宫庙总是早早开宫门，迎接十方善信摩肩接踵前来烧香礼神。莆田风俗于腊月二十三“送年”，即送诸神朝天，于正月初三“迎年”，方言称“接年”，就是迎接诸神回銮，各安本位。莆田各妈祖宫庙于正月初三日或月半前集众作祈年醮，向妈祖求祷，祈求丰年平安。近年来，湄洲妈祖祖庙每年都在春节期间举办隆重的祈年大典。祈年大典一般在正月初三“接年”日上午举行，大典共有三道程序：一是设醮建坛祭天，按进表、建坛、诵经、进贡等古制进行，全程约 40 分钟；二是迎春祈年仪式，先由司赞唱“新岁新春新气象，祈年祈福祈平安”，鸣礼炮、奏礼乐，祖庙董事会董事长宣读祈告文，击鼓三响，迎祥纳福，后擂鼓迎春，金龙献

① 方宝璋：《闽台民间习俗》，福建人民出版社，2003 年，第 213 页。

瑞，举行民俗艺术表演，最后礼炮齐鸣，祈年活动礼成，全程约15分钟；三是妈祖祭祀典礼，全程约45分钟。近年来，湄洲祖庙的春节祈年大典吸引不少海内外妈祖信众参加。① 除湄洲妈祖祖庙外，莆田文峰宫等其他一些妈祖宫庙亦举行祈年庆典，除举行祈年、祭祀典礼外，还演戏酬神，热闹非凡。

2022年壬寅年新春妈祖祈年典礼

二、元宵人神共狂欢

元宵节，即农历正月十五，又称上元节、灯节，是春节过后的第一个传统节日，又传说是上元赐福天官紫微大帝的诞辰，因此备受重视。有些地方，元宵节的盛况甚于春节，在近一个月的时间里，不同村落以不同的方式闹元宵，活动丰富多彩，蔚为壮观。

据史料记载，正月十五作为一个节日始于汉代，《史记·乐书》中就有汉代皇帝通宵达旦祀太一的记载。元宵节是闽台地区一个十分重要的节日，民间除送灯、游灯、赏灯、化灯及舞龙舞狮等各种文艺活动外，每个宫庙都会组织相应的迎神、祭神、游神、绕境祈

---

① 林国良主编：《莆田妈祖信俗大观》，海风出版社，2014年，第87—89页。

福活动，且活动内容丰富、时间长，参与人员多。高拱乾《台湾府志》卷七《风土志》称：“元夕……神祠，俱延僧道设醮祈安；醮毕，迎神。迎毕，置酒庙中，社众集饮，谓之‘食供’”。明弘治《兴化府志》卷十五《风俗志》亦载：“各社会首于月半前后集众作年醮，及舁社主绕境……”闽北一带迎游临水夫人，民国《政和县志》卷二十《礼俗》云：“街坊巡游，设香案迎接，谓之‘大奶案’。夜间迎灯，家家持小烛向案前燃点兑换，谓之‘换大奶烛’。”闽南地区则迎威惠王、吴真人、关圣帝君、妈祖等，嘉庆《云霄厅志》卷三《岁时》云：“上元迎威惠王，备仪仗、鼓吹、灯彩巡行乡社。乡社各备牲醴品物致祭祈福。其宿宵之处，演剧娱神。迎关帝君、天后圣母亦然。”在莆田，迎游妈祖、吴妈、法主仙妃等神明，康熙《莆田县志》卷二《舆地志·礼俗》云：“里社皆盛张灯，为祈年之举，坊乡之民，轮年为福首，醵金祀里祠，设醮诵经祈福。境内火树箫鼓，达旦不辍。”

元宵期间，宫庙内彩旗飘舞，珠灯齐明，摆斋菜、设筵桌，搭橘塔、搭蔗塔，善男信女们扶老携幼前来祭拜。元宵期间，莆田湄洲妈祖祖庙要搭妈祖糕塔祭祀妈祖，营造祥瑞、平安、和谐的节日气氛。妈祖糕塔取材于湄洲妈祖祖庙生产并常年供奉妈祖的供品——妈祖平安糕，糕塔高 5 米许，用 32300 块妈祖平安糕堆叠而成，寓意妈祖三月廿三日诞辰，祈求妈祖保佑阖境平安。闽台地区盛产甘蔗，民俗中常用甘蔗作为供品。如在龙海，渔民在春节期间要买一捆连根带叶的甘蔗，用布绑在船的桅杆上，寓意新的一年日子一节更比一节甜。莆田平原也是重要的甘蔗产区，始建于明嘉靖年间的涵江延宁宫也常用甘蔗供奉妈祖。清代中期开始，延宁宫则将蔗节竖摆相叠成塔作为巨型的妈祖供品。蔗塔分塔基、塔身、塔顶三部分，通高 5.3 米。其中，塔身用蔗节一层一层相叠而成，每层 44 枚蔗节，中间留空。蔗塔中间有染红色的蔗节叠出“上元祈福”“妈祖赐福”“庆赏元宵”“吉祥如意”等字样。塔顶放五只福橘，插上象征迎春纳福的“纸花”“三春”，营造吉庆、祥瑞的节日气息。莆田涵江延宁宫蔗塔制作工艺因历史悠久、制作工艺精湛，现已被列入福建省非物质文化遗产代表性项目名录。

妈祖蔗塔庆元宵

闽台元宵期间的迎神、游神活动，俗称“行傩”。行傩时，信众把宫庙中的神像抬出来，在境内巡游，俗称“出游”，意在扫荡晦气、庇佑全境。巡游途中，还会举行摆棕轿、跳火堆、歌舞表演、妆架踩街、武术杂耍、升幡挂灯、游灯踩街等各种民俗活动。迎神队伍所经之处，家家户户要摆设香案，烧柴堆，化贡银，焚香燃炮，祈求神明保佑阖家幸福，新的一年日子过得红红火火。巡游途中，到处敲锣打鼓，鞭炮连天，弥漫着喜庆的节日气氛。

莆田文峰宫元宵

“行傩”开始时间不一，依各村庙具体情况而定，一般持续三天时间。如在莆田地区，有的村庄从正月初六就开始“行傩”，有的村庄则迟至农历二十几才开始，大部分里社在正月十五或前后一两日举行，故民间称正月十五前后一两日为“元宵心”。莆田妈祖元宵活动从正月初六开始，一直延续到正月二十九晚才结束，俗称“尾晚元宵”。因为，元宵期间各地多举行游九龙灯活动，按照民间的说法，元宵过后，龙灯必须火化让它升天，以保佑平安；如果不火化的话，龙灯就会变成“孽龙”，危害生灵。但龙既是海中之王，又是古代帝王的象征，谁能主持这个化龙仪式呢？民间传说认为妈祖是海神，统领四海龙王，又是天后，只有妈祖才能主持化龙仪式。因此，莆田妈祖元宵节延至正月的最后一天，以便让全境的龙灯集中起来统一烧掉，以免留下“作乱”，这就是妈祖元宵在月底习俗的由来。农历正月廿九晚为妈祖“尾晚灯”闹元宵，莆田市区多处妈祖宫举行系列活动。当晚，位于步行街的文峰妈祖天后宫举行游灯、文艺踩街、莆仙戏公演、点烛山等系列活动，千余名信众踊跃参与。

元宵节又称灯节，而“灯”与“丁”谐音，因此，闽台各地还盛行祈子添丁习俗。福州俗例，元宵之夜，久婚未孕的女子要在庙里烧香祈子，焚香祝祷之后，带回一枝神像前所插之花，俗称“请花”。在厦门，已婚未孕妇女则于是夜艳服入庙献莲花灯，以为祈子嗣之意。在龙岩，则有到土地庙里取灯（烛）回寝室之俗，意为“出丁”。

仙游枫亭的元宵游灯踩街习俗也颇具特色。据文献记载，枫亭元宵游灯习俗源于古代上元节的迎神灯会。北宋嘉祐元年（1056），蔡襄知泉州时倡议泉州辖下各县（含仙游县）仿照东京（今开封）在元宵节期间举办的游灯踩街活动，以一边展示彩灯彩牌、一边表演文娱节目的流动巡游形式，庆祝上一年的丰收和祈求本年的风调雨顺、国泰民安，由此开启了枫亭900多年的元宵游灯踩街历史。

仙游枫亭元宵游灯习俗

枫亭元宵游灯习俗有广义和狭义之分。广义上的枫亭游灯泛指枫亭镇各宫庙的游灯踩街活动，狭义上则专指城内5座宫庙（霞桥灵慈庙、霞街明山宫、兰友三妈宫、学士天后行宫、北门龙珠宫）的游灯踩街习俗。按例，每年的游灯活动从农历正月十三日晚开始，至十九日下午结束，前后持续七天时间。游灯队伍出行，礼炮三响，鸣锣清道，几十辆摩托车、小轿车两旁开道，装饰精美的头牌主匾由仗仪队簇拥而行，车鼓队、十音八乐队、女子腰鼓队穿插其间，蜈蚣灯、松树灯、宝伞灯、水族灯、莲花灯、花篮灯、蝴蝶灯、鸽子灯、蜻蜓灯、凤凰灯、菜头灯异彩纷呈、各领风骚；“百戏彩架灯”将历史人物故事与戏剧、灯艺和杂技融为一体，令人叹为观止；沿途居民点火堆、燃放烟花爆竹、设案焚香，观者如堵，热闹非凡。宋代蔡京之子蔡绦曾写有“香涌太平港，灯耀青螺峰”的诗句，描绘当时枫亭游灯的盛况。2008年6月，枫亭游灯习俗以其丰厚的文化内涵被列入国家级非物质文化遗产代表性项目名录。

枫亭元宵请神出游和游灯，皂隶舞表演是必不可少的。皂隶舞，也称“乡人傩”“八班舞”，是莆仙地区一些宫庙在元宵出游和游灯活动中作为迎接神驾的仪仗和娱人娱神的民间舞蹈。麟山宫皂隶舞表演者共17人，其中旗牌官1人、伴奏4人、皂隶4人，另有8个着古代士兵服、手持水火棍的男子，名为“八班”。皂隶舞节奏鲜明、动作刚烈、古朴而粗犷。2009年5月，枫亭麟山宫皂隶舞以其悠久的历史渊源、独特的表演艺术被列为福建省非物质文化遗产代表性项目名录。

三、清明扫墓求冥福

清明节，也称祭祖节、踏青节、三月节等，既是二十四节气之一，也是我国具有悠久历史的传统节日，因节令期间万物生长皆“清洁而明净”得名，是时风和日丽，春意融融，百花盛开，气清景明，万物皆显，一派生机勃勃景象。

清明节源于上古时期的祖先崇拜，是最重要的祭祀节日，扫墓祭祖、慎终追远是清明节最主要的活动。清明扫墓祭祖习俗由来已久，早在战国时期就有，到宋代已相当普遍。在闽台地区，扫墓祭祖的具体时间各地略有差异，如在厦门，据道光《厦门志》卷十五《风俗记》称，是在“（清明节）前后十日墓祭”。莆仙地区有句俗话“清明前，冬至后”，意指扫墓祭祖的时间须在清明节之前（含当日）或冬至日（含当日）之后。福州、邵武、光泽有句谚语“过了谷雨闭墓门”，因此民众在清明至谷雨之间择日祭扫。在长泰则整个农历三月均可扫墓。在台湾，周钟瑄《诸罗县志》卷八《风俗志》记载诸罗县清明“前后三日多墓祭”，胡建伟《澎湖纪略》卷七《风俗记》称，澎湖于清明节“前后五日内拜墓祭祖”。

旧时，通常的扫墓程序为：首先，清理杂草泥沙，并培土加固，疏通沟渠；其次，将长方形有色墓纸用小石子压在坟墓上，俗称“压纸”或“挂纸”，同时用红漆或朱砂重描墓碑铭文；接着，摆上酒、水果、甜糕、三牲等供品，点烛焚香，全家祭拜，口中默念自己的心愿，祈求祖先保佑实现自己的心愿；最后焚烧纸钱，燃放鞭炮。在闽台有些地方，祭扫墓地之后，就地筑灶、搭帐篷，邀请亲友聚饮其中。如《诸罗县志》卷八《风俗志》载：“男女老幼驾车以往，邀亲友与俱；设帐席地而饮，衔杯酬酢，薄暮乃归。”祭扫之后还要折一柳枝条（或榕树枝、松枝、杜鹃花）带回家，插在门上或屋檐处，称为“插柳”。《诸罗县志》卷八《风俗志》载：“清明，插柳于户。”道光《厦门志》卷十五《风俗记》：“泉俗以清明日插杜鹃花于祭品；漳俗，插柳枝户上。”因为清明节与农历七月十五中元节、十月十五下元节并称三大冥节，民间认为柳是“鬼怖木”，有辟邪驱鬼之功能，清明时节人们上山扫墓祭祖，慎终追远、祈求福佑的同时，也要避免孤魂野鬼的侵害。在我国长江流域、黄河流域、淮河流域，清明节这一天家家户户都要门插新柳，以驱疫鬼。闽台少柳，多榕树、松树，故代之以榕树枝或松枝。

踏青也是清明节活动之一。清明时节春回大地、景色宜人，正是郊游好时节，因此人们在上山扫墓祭祖之余，也结伴郊游踏青。明谢肇淛《五杂俎》称："南人借祭墓为踏青游戏之具，纸钱未灰，舄履相错。日暮，坟间主客无不颓然醉倒。"[①] 道光《厦门志》卷十五《风俗记》云："清明……妇女亦出郊展墓踏青，采新麦簪之。"乾隆《龙溪县志》卷十《风俗》云：清明日"闾巷妇女或盛服靓妆，出郭而队行。"《彰化县志》卷九《风俗志》亦云：清明节"妇女盛妆结伴出郊上墓，谓之踏青。"

可见，清明节兼具人文与自然两大内涵，既是二十四节气之一，也是传统祭祖节日；既是庄严肃穆的祭祖节日，也是一个人们亲近自然、踏青郊游、亲朋欢聚的令人身心愉悦的时节。

四、端午舟艾齐辟邪

端午节，又称端阳节、端五节、龙舟节、重午节、重五节、龙日节、天中节等，与春节、清明节、中秋节并称为中国四大传统节日。2006 年 5 月，国务院将其列入首批国家级非物质文化遗产名录。2009 年 9 月，联合国教科文组织正式批准将其列入人类非物质文化遗产代表作名录，端午节成为我国首个入选世界非遗的节日。

端午从字面上还有"端五""重五""重午"等名称。在古汉语中，"端"有开头、初始的意思，称"端五"也就如称"初五"。晋代《风土记》里说："仲夏端午。端者，初也。"每月有三个五日，头一个五日就是"端五"。古人习惯把五月的前几天分别以端来称呼，元代陈元靓《岁时广记》云："京师市廛人，以五月初一为端一，初二为端二，数以至五谓之端五。"

端午节源于自然天象崇拜，原是上古时代拜祭水神或龙神、祈福辟邪的一种祭祀活动。因传说战国时期的楚国诗人屈原在五月初五日跳汨罗江自尽，后来人们亦将端午节作为纪念屈原的节日；也

① （明）谢肇淛：《五杂俎》卷 2《天部二》，远方出版社，2005 年，第 32 页。

有纪念伍子胥、曹娥及介子推等说法。而在莆仙沿溪沿海平原乡镇，端午节举行龙舟比赛则是为了纪念妈祖。因龙是海中之王，妈祖是海神，因此，龙舟竞渡前，要先请龙，到妈祖庙祭海神妈祖。在龙舟上还要安放妈祖神像，插上“天上圣母”的旗子，上书“国泰民安”“风调雨顺”等字。

闽台地区端午节有赛龙舟（俗称“扒龙船”）及悬挂艾叶、菖蒲、榕枝、松枝等习俗。

扒龙船

端午节是各种疾病流行的时节，因此南北各地都会举行一系列活动以祈福禳灾。赛龙舟作为其中一项重要活动，在中国已流传两千多年，尤其在南方十分流行。闽台地区江河湖泊众多，在福州、莆田、泉州、厦门、漳州，每年端午节都有举行隆重的龙舟赛事。闽台沿江临湖的乡社几乎都有自己的龙舟，龙舟制作精美华丽，首尾如龙形，船头雕刻大龙头，龙头披挂彩绸，并插上红色三角旗，上书“天上圣母”“水仙尊王”等字样。船尾雕成扇形开叉龙尾状，插上尾送旗。船身漆色，悬挂长方形的龙月旗，上书“国泰民安”“风调雨顺”等字样，船身两侧彩绘龙鳞甲。

“扒龙船”时，江河两岸摇旗呐喊，鸣锣喝彩，龙舟竞渡，场面十分热烈壮观。清代人诗云：“凉船过处水生风，鼍鼓声喧万桨同。若个锦标先夺得，蒲葵扇系手巾红。”① 连横在《雅言》中描绘了龙舟竞渡时的场景，称：“端午竞渡，其来已久……先期制锦标，附彩物，装诗意，导以鼓吹，游行市上。至时各驾龙舟，集于五条港口；鸣金为号，击桨如飞，以夺锦标为胜。观者杂沓，数日始罢。诚可谓海国之水嬉，而升平之乐事也。”②

仲夏端午，天气炎热，蚊虫大量繁殖，传染病流行，因此民间称五月为“毒月”。古代医学落后，人们以为疾病是各种邪气作祟所致。俗信菖蒲形状似剑，艾则像旗，可借以驱魅压邪，故而闽台地区普遍流行端午节悬挂艾叶、菖蒲、桃枝、松枝、榕枝以驱邪禳灾、辟瘟祛鬼之习俗。乾隆《海澄县志》卷十五《风土志》称：“端午悬艾叶、菖蒲、榕枝、稻穗于门。”闽南谚语称：“插艾身手健，插松壮如龙。”这种习俗同样见于台湾地区，刘良璧《重修福建台湾府志》卷六《岁时》载：“五月五日，各家悬菖蒲、艾叶、榕枝于门。”高拱乾《台湾府志》卷七《风土志》亦称：“端午日，昔人取艾悬户，采蒲泛酒；今合艾蒲共悬之，谓蒲似剑也。”康熙《兴化府莆田县志》卷二《舆地志·风俗》载“端午取菖蒲及艾插门户”，这一民俗与各地虽有相同之处，但莆田人悬挂菖蒲却与妈祖治病救人的传说有关联。据《天后显圣录》载：有一年瘟疫盛行，莆田县官全家病危，役吏告县官以湄屿神姑法力广大，县官斋戒亲往请教，天后念其素称仁慈，代为忏悔，取菖蒲九节，令贴病者门首，煎蒲饮之，病者立愈。县官感谢妈祖的再生之德，举家登门拜谢。此后，民间认为菖蒲乃妈祖所赐，可以辟邪消灾，相继仿

① （清）董平章：《秦川焚余草》卷 4《榕城端午竹枝词》。

② 连横：《雅言》，台湾文献丛刊本，第 104 页。

效悬挂，渐成当地民俗。

闽台民间还有端午节为小孩系上用五色丝线编成的“长命缕”（又称“续命缕”）之俗，以求小孩无病无灾、健康平安成长。刘良璧《重修福建台湾府志》卷六《岁时》载：“（五月五日）以五色长命缕系小儿女臂上，男左女右，名曰‘神链’。”同治《泉州府志》卷二十《风俗·岁时》亦载：“（端阳）小儿以五色丝系臂，曰长命缕。”

五、七夕拜星乞巧智

农历七月初七为七夕节，又称乞巧节、女儿节。七夕节作为节日始于汉代，六朝以降广泛流传，并相沿成习。传说农历七月初七这天即是牛郎织女鹊桥相会的日子，也是魁星的生日，因此，闽台地区有七夕节拜牛郎织女和魁星的习俗。

民间传说织女擅长女红，常年机杼，织成无缝天衣，她的灵巧为广大妇女所景仰，因此，七月初七夜要陈列瓜果祭祀织女以乞巧。南北朝时人宗懔在所著《荆楚岁时记》中载道：“七月七日，为牵牛、织女聚会之夜。是夕，人家妇女结彩缕，穿七孔针……陈几筵、酒脯、瓜果于庭中以乞巧。”这种乞巧信俗在闽台地区也普遍流传。明弘治《八闽通志》卷三《地理·风俗岁时附》载：“七夕是夜，儿女罗酒果于庭，祝牛、女二星，瞻拜以乞巧。”乾隆《福州府志》卷二十四《风俗》载：“七月七夕，妇女陈瓜果七盘，茗碗、炉香各七数，用针七条，取绣线于焚楮光中，伏地俄顷穿之，以能否夸得巧之多寡。又取小蟢子盛盒中，平明启视，以成茧为得巧之验。”周玺《彰化县志》卷九《风俗志》亦载：“七月初七日，人家儿女，备针线、花粉、瓜果之属，祭于中庭，曰乞巧，以祀牛女双星。”在泰宁，学童要在七夕夜拜牛郎、织女星，口念“乞巧文”：“天上双星会，人间七夕临。学童恭乞巧，愿早赐聪明。”反复念七遍，祈求双星赐予智慧，学业进步，早日成才。①

在闽台地区，传说“七娘妈”是儿童保护神。在不少地方，七夕这一天，小孩要拜“七娘妈”，解“续命缕”，以此祈求孩子平安健康长大成人。《马巷厅志》卷十一《风俗》载：“七夕……小儿拜天孙，去续命缕。”闽南民间传说七夕乃七娘妈生日，因此，这一天，要祭祀庆祝，称“七娘妈生”。在闽南，每逢七夕，凡有1—16岁孩子的家庭，要备“七娘轿”“七娘亭”“七娘灯”及花粉、胭脂、糖、果、三牲、酒醴等隆重祭拜“七娘妈”。小孩出生第一年要拜“七娘妈”为干娘，以寻求七娘妈的庇护，称为“新契”。满十六岁后，再“洗契”，脱离“七娘妈”的庇佑。② 在台湾，“七娘妈生”这一天，“庄社家家杀鸡烹酒，备韭菜、龙眼各品物，在厅堂前，向天礼拜，祈祷消灾改厄。童子多挂七娘妈香火，泉人不特如此，用五色纸涂七娘妈亭一个，约二三尺高，置于厅堂前，焚香礼拜。拜毕，将此亭当天焚化，祈祷平安。”③

闽台民间又传说七月初七为“魁星生日”，民间认为魁星“主文事”，因此，七夕夜读书人要祭拜魁星，还要聚在一起举办魁星会，吟诗作赋，宴饮欢歌。《福建省志·民俗志》称：“七夕夜设香案，放置一个纸糊的‘魁星’。‘魁星’高2尺许，蓝面环眼，锦袍皂靴，左手斜捋飘胸红髯，右手执朱笔。‘魁星’前摆着供品，其中应有一个煮熟的带角公羊头，两角束红纸。参拜者焚香鸣炮，顶礼膜拜。”④《重修福建台湾府志》卷六《岁时》记载七月七日“或曰魁星于是日生，士子多于是夜为魁星会，备酒肴欢饮”。

---

①② 福建省地方志编纂委员会编：《福建省志·民俗志》，方志出版社，1997年，第264页。

③ 《嘉义管内采访册·打猫南堡》，台湾文献丛刊本，第38—39页。

④ 福建省地方志编纂委员会编：《福建省志·民俗志》，方志出版社，1997年，第263页。

六、中元普度祈平安

农历七月十五日为道教中元赦罪地官清虚大帝的生日，故称“中元节”。俗信这一天地官检校人间善恶，祭祀地官可以赦免自己的罪过，因此，民间举行隆重的祭祀仪式，供三牲果品，焚烧冥钱、金元宝，请道士斋醮做法事等。佛教于七月十五日为盂兰盆会，修供以超度亡魂。闽台民间称七月为“鬼月”，传说七月初一地官打开冥府的鬼门，让孤魂野鬼到人间来讨吃，七月三十日关鬼门，孤魂野鬼在人间吃饱喝足后必须回到冥府。因此，在这一个月的时间里，家家户户要摆上供案，上供饭、菜、粿、三牲五果等丰盛祭品，焚香点烛，烧银纸等，以祭祀孤魂野鬼，还要延请僧道设醮超度，称为“普度”。光绪《漳州府志》卷三十八《民风》载：“七月半作盂兰会，延僧设食，祀无祀之鬼。”同治《泉州府志》卷二十《风俗》载：“中元夜，家户各具斋供罗于门外或垌衢，祝祀伤亡野鬼。”《金门志》卷十五《风俗记·岁时》亦载道：“七月朔起，各社延僧道设醮，作盂兰会，俗名普度，以祭无主鬼。”又称：“七月朔日，俗称开地狱门；至三十日，称关地狱门；家家于门前致祭。”中元节，各地除施食外，还有“搭孤棚”“抢孤”“放水灯”及祭祖、演戏等活动。闽台民间之所以如此重视“普度”，其用意主要有二，一是用丰盛的酒菜招待孤魂野鬼，让孤魂野鬼吃饱喝足就不会在人间作祟；二是借以向孤魂野鬼祈求平安、幸福。

七、中秋拜月庆丰收

农历八月十五中秋节，是我国传统三大节日之一，这是一个亲友团聚、共度佳节的欢庆日子。闽台地区中秋节习俗丰富多彩，除赏月、博饼、吃月饼外，还有拜月、祭墓祀神等信俗。民国《政和县志》卷二十《礼俗》载：“（中秋）女子陈设香案及月饼、瓜果之属，集庭中玩月，未嫁者多就案前拜之，谓之拜月宫。拜时口中有诗歌讽诵，声颇娇婉可听。”漳州、连城、上杭、泰宁、永定等地，均有类似的信俗。除拜月神赐福外，福州、莆田等地还有“待月华”习俗。民间传说中秋夜嫦娥会把月宫中的一些宝贝撒在人间，谁能拾到，谁就能得到幸福，即所谓“待月华”，也称“等月华”，原意指等待嫦娥从月宫中扔下宝贝，后来在长期的流传过程中，逐渐演化为欢度佳节的代名词。正如同治《仙游县志》卷八《邑肇志》所言：“中秋望日，饮宴达曙，笙歌载路，谓之‘待月华’。”

农历八月正是金秋收获季节，古人讲“春祈秋报”，在厦门、漳州、龙岩、台湾等地，中秋节这一天要祀土神。康熙《平和县志》卷十《风土志·岁时》载：“凡里社各备物以祀土神，即古者秋报遗意也。坊间神祠敛钱致祭，或演杂剧，村落间群以酒肉祀于田间，逐处皆然。”高拱乾《台湾府志》卷七《风土志·岁时》在台湾，“中秋，祀当境土神。盖古者祭祀之礼，与二月二日同；春祈而秋报也……山桥野店，歌吹相闻，谓之‘社戏’”。由此观之，中秋节也是一个庆祝丰收的幸福日子。南平、闽清、罗源、沙县等许多地方，中秋节还是一个扫墓祭祖的日子，其供品、祭拜礼仪等与清明节相似。在“厦门、金门、永泰等地”，中秋节这天，读书人还要祭祀魁星。①

八、下元解厄保平安

农历十月十五，为中国民间的传统节日“下元节”，又称“下元日”“下元”。下元节的来历与道教有关，道教称天官赐福、地官赦罪、水官解厄。下元节，就是水官解厄旸谷帝君解厄之辰，民间传说这一天水官根据考察，录奏天庭，为人解厄。因此，在下元节这一天，道观要做道场，民间则要祭祀亡灵，祈求下元水官排忧解难。

闽台地区许多宫庙有下元节“做保安”的习俗。保安，又称“巡安”，是保佑合境平安的祭祀民俗活动。由于其时农村秋收农活

① 福建省地方志编纂委员会编：《福建省志·民俗志》，方志出版社，1997年，第270页。

尚未结束，因此，各地举行保安活动的时间有所不同，有的宫庙选择在农历八月份，具体哪一天要掷杯决定；而有些妈祖宫庙为节省财力，将下元保安与妈祖升天忌纪念活动合二为一，于农历九月初九日前后举行。如在仙游，度尾龙井宫位于今度尾镇潭边社区，原称潭边宫，始建于北宋，是度尾镇第一座妈祖分灵庙。该宫的保安即选择在农历九月初九妈祖升天忌活动期间举行。做保安一般要持续三天，有竖幡、请水、钉路符、送王船等环节。竖幡，又称“竖旗”，在保安仪式前夜，做法事之前，醮仪坛场要竖一幡旗，幡为长方形，上书幡文或无文字，亦有铜钱和五色线系在旗竹上。请水，即到潭边附近山上取水。请来的圣水，除了经师用于科仪中“洒净”“去秽”科仪之用外，还把水烧开用以冲洗酒杯、茶杯。做保安，要“钉路符”（也称“定路符”），即找 18 块扁平的石头做符石，将符石放置于度尾与其他镇的交界处，用以镇压五方。在巡游中钉于五方的方位上，以作标志或镇邪煞，称之为“割路钉封”。送王船，又称“送瘟船”，法师为境内无主孤魂赈济施食后，悉数赶入王船，放入河中送走，或焚烧。[①]

九、腊月祀灶多赐福

农历腊月廿四（或廿三）祭祀灶神，俗称“祀灶”。灶神，又称灶君、灶公、灶王、灶王爷、灶君菩萨等，在不同地区有不同的称呼。康熙《兴化府莆田县志》卷二《风俗》引用《五行书》言：“灶神名禅，字子郭，衣黄衣，夜披发从灶中出。知其名呼之，可除凶恶。”[②] 而在福州，灶神是一对夫妇，男的称“定福灶君”，女的叫“增寿夫人”，俗称“灶公”“灶妈”。连城的灶神是女性，称

---

① 参见叶明生：《数百年谒祖进香路——仙游潭边龙井宫“妈祖回娘家”信俗调查》，载叶明生主编：《莆田贤良港妈祖回娘家信俗调查研究》，宗教文化出版社，2021 年，第 58—60 页。

② 康熙《兴化府莆田县志》卷 2《风俗》。

“灶神奶奶”，俗称“灶头神寠妈”。与其他泥塑、陶塑、木雕的神祇形象不同，民间供奉的灶神像则是纸质印刷图画，每年更换一次。图画中间绘方脸大耳、威仪俨然的灶神，上方书“东方厨”，两侧配以对联，常见的有“调和鼎鼐神仙府，善理阴阳宰相家”“上天言好事，下界保平安”“上天奏善事，回驾赐祯祥”“灶公多赐福，弟子大虔诚”等。

根据文献记载，祀灶之俗始于春秋时期，原在夏天进行，《礼记·月令》云：“孟夏之月……其祀灶。”南北朝时为月晦之夜（即每月最后一个晚上）祀灶，葛洪《抱朴子内篇》卷一《微旨》云：“月晦之夜，灶神亦上天白人罪状。”唐宋时期，祭灶固定在腊月廿四进行。明代时有“军三民四”“官三民四”之说，因而自此之后祀灶时间有腊月廿三、廿四之分。

民间传说，灶王爷是玉皇大帝派驻人间监察善恶之神，每年腊月廿四夜上天述职，汇报这一年中每家每户所行善恶之事，玉皇大帝据此判定来年各家之祸福吉凶。因此，在灶王爷上天之前，人们要通过祀灶来为其饯行，让灶王爷在玉皇大帝面前多说自家的好话，不讲坏话。旧时，闽台地区祀灶相当隆重，祀品有瓜果、酒、水、糖饼、甜丸子、牲醴等。其中，糖食是必不可少的，一说灶神吃了糖食，就会口角生甜，向玉皇大帝汇报时就会甜言蜜语，只讲好事，不说坏话。一说用糖食来粘住灶神的嘴，使他在玉帝面前即使想说坏话也张不了嘴。有的地方，祀灶前后数日，要延请僧道斋醮做法事，如据民国《霞浦县志》卷二十二《礼俗》记载：“祀灶之夕（或廿三、或廿四日，各依先例），人家具牲醴，并各种糖食果品祀灶神。焚香鸣炮，声闻四境。祀毕，布席而馂，俗称祭灶酒。祀灶之前后数日，盛设牲牢、年糕、福橘及山海各珍品。罗列堂前，以谢天神地祇。并延道士摇铃读祝，俗称还福，即古大祝祈福之特意。”在上杭，在二十三日夜祀灶前，有僧尼挨家挨户送上用黄纸制成的“灶札”，上印有奏文，祀灶时除焚香鸣炮、供果品糖食祭灶君外，还要焚烧纸钱及“灶札”。有的地方，有“荤灶”

“素灶”之分，如在福州，腊月二十三夜祭灶神时用“荤灶”，专供鸡、鸭、鱼、肉、美酒共十盘，“并以红酒糟涂在灶口，即所谓‘醉司命’。其用意是让灶神爷喝个烂醉，不会在玉帝面前说三道四”。二十四夜祭灶神时则用“素灶”，只供菠菜、豆腐、花生、甘蔗、福橘、荸荠、灶糖灶饼等素食十盘，其用意是“怕灶神爷贪馋，若再用荤，喝得太醉，在玉帝面前信口开河、胡诌一通”。[①]由此可见，尽管闽台各地祀灶时所用祭品各有不同，但其出发点和最终追求是一样的，都是为了祈求家运亨通、人丁兴旺、福寿绵长，反映了民众对幸福生活的向往和追求，正如民谣所言：“尾梨尖尖，灶公上天。灶公上天讲好话，灶妈下地保佑奴；保佑奴爹有钱赚，保佑奴奶福寿长”，“一盘瓜果糖，点燃三炷香，上天言好事，下界保平安”。

民间认为，二十四（或二十三日）这天不仅灶神要上天述职，其他百神都要上天面奏玉帝，二十五日玉帝派天神到人间监察，正月初四（或初三）上天述职的诸神返回人间。因此，二十四日要举行隆重的祭祀仪式，恭送诸神上天；二十五日设香案迎接到人间监察的诸天神，正月初四再设香案迎接百神。如在泉州，同治《泉州府志》卷二十《风俗》记载，“（腊月）二十四日，祀灶，或二十三日。俗谓灶神是夜上天，以一家所行善恶奏于天也。又言此日百神有事上帝，画舆马仪从于楮，具牲馔焚而送之。至正月四日，乃迎而复之，如送之礼。二十五日，俗谓天神下降，设香案于神前”。在台湾，《重修福建台湾府志》卷六《岁时》记载，“二十四日……俗传百神以是日登天谒帝。凡宫庙、人家各备茶果、牲醴，印幡幢、舆马、仪从于楮，焚而送之，谓之‘送神’。至来岁孟陬四日，具仪如前，谓之‘接神’。二十五日，各家斋戒焚香，莫敢狎亵，俗传谓天神下降之日”。

---

① 福建省地方志编纂委员会编：《福建省志·民俗志》，方志出版社，1997年，第273页。

十、除夕辞旧讨吉祥

农历十二月的最后一个夜晚，人们即将告别旧的一年，迎来崭新的一年，故称“除夕”，又称“除夜”“大年夜”“做岁”“做年”等。除夕是一年中的最后一个节日，民间极为重视，人们以种种方式来辞旧迎新，贴春联、换年画、祭祀神明、围炉、守岁等，庆祝过去一年的平安顺遂，祈愿新的一年幸福吉祥、平安发财，而祭祀神明便是众多方式之一。

祭祀神明是除夕的一项重要内容，并由此形成一种特殊的信仰习俗。祭祀时间一般在午后，祭祀时，先祭天地神明，在屋内厅堂设供桌，摆上丰盛的水果、年糕、春饭、牲醴、茶、酒等供品，点烛焚香烧纸钱，默念祝祷，祭毕燃放鞭炮退神。次祭祖先，供品及祭祀程序与祭祀天地神明相同。祭祀天地神明和祖先的活动均由家中长者主持，全家人行三跪九叩礼，以祈福禳灾，祈求来年兴旺发达、平安顺遂。最后祭“下界爷”，即无主的孤魂野鬼，这种祭祀供品和程序均十分简单，以示“下界爷”身份低下，通常在住宅门口的地上放一张木板，摆上简单的供品，不燃放鞭炮。

由此可见，除夕祭祀神明也是闽台人民慎终追远、祈福禳灾、趋吉避凶的途径，体现了闽台人民对美好生活的向往和追求。不仅如此，从闽台民间祭祀神明祖先时所用供品来看，也蕴含有独特的“福”文化。闽台人民除夕比较有特色的供品是春饭和橘子。春饭，又称过年饭，“就是用小碗盛上饭，饭上插红纸做的花”。因为在闽南话中“春”与“剩”谐音，因此春饭不在除夕食用，要一直供到新年正月才能撤下来，寓意“岁岁有余粮，年年食不尽”。“橘”与“吉”谐音，寓意吉祥如意，且价格比较亲民，因此，橘子是祭祀中常用供品。除夕祭祀天地神明及祖先时所供橘子摆放时间很长，往往要到元宵才能撤下来，正如民间谚语所云：“上元暝拆柑棚”，同治《泉州府志》卷二十《风俗》亦载：“是日，人家皆以柑祭神及先，至元宵乃撤。”闽台不少地方除夕要在门后放两根连根带叶的甘蔗，寓意生活甘甜美满、日子过得一天比一天甜蜜。[①]

综上所述，闽台民间信巫尚鬼，重浮屠，敬祖宗，闽台民间传统的岁时节日无不跟祭祀神明息息相关，真可谓无节不祭祀。闽台民间信仰对象广泛、无奇不有，上至天地君亲师，下至孤魂野鬼乃至各种枯木怪石，均可以成为人们祭祀的对象。对这些神祇的祭祀活动虽包含有浓厚的宗教神秘色彩，但拨开宗教的神秘面纱，可以发现其中蕴含有丰富的“福”文化。追根溯源，从本质上来说，对神祇的信仰是民众趋吉避凶的手段，体现了民众对风调雨顺、五谷丰登、福寿绵长、健康平安、子孙满堂、六畜兴旺、金榜题名、事业发达、阖家幸福等美好生活的向往和追求。对天地君亲师的祭祀往往怀有感激之情、敬畏之心，在纪念先人、慎终追远的同时，祈求保佑平安顺遂、家族兴旺、生活甜美、阖家幸福。对孤魂野鬼的祭祀则带有畏惧的心理、贿赂的心态，用好酒好菜招待孤魂野鬼，让其吃饱喝足，不作祟，不祸害乡里。在一些重大节日，如元宵、各种神诞等，祭祀神明，不仅要摆上丰盛的供品，还会举行隆重的庙会活动。届时，各宫庙彩旗飘舞，珠灯齐明，民众扶老携幼前来祭拜。庙会期间，还会举行绕境巡游、演戏酬神、歌舞表演、妆架踩街、武术杂耍、升幡挂灯、游灯踩街等活动，敲锣打鼓，鞭炮连天，各种民间传统技艺展示异彩纷呈，既烘托出火红热闹、欢乐祥和的节日气氛，也书写着一幅幅绚丽多彩、万民身心愉悦、其乐融融的幸福生活画卷。

第三节　民间信俗中的“福”文化

千百年来，闽台人民在崇敬天神地祇的过程中，形成一系列独特的信仰习俗，如求签、贴符、换花求孕、收惊、过关、半截红裤、帆船发髻、摆棕轿、皂隶舞、灯舞等。这些信仰习俗无不寄

① 方宝璋：《闽台民间习俗》，福建人民出版社，2003年，第278—279页。

托着人们对平安、健康、长寿、人丁兴旺、生意兴隆、金榜题名、事业顺遂等的美好祝愿，反映了人们趋吉避凶、对美好生活的向往和追求，因而蕴含有深刻的“福”文化内涵，是中华优秀传统文化的重要组成部分，是中华民族传承传统记忆的一个重要环节。

按类别划分的话，这些信仰习俗大体上可分为生活生产习俗、服饰习俗、婚育习俗、游艺习俗。

一、生活生产习俗中的“福”文化

1. 签占求福

签占，又称求签、占签、抽签，产生于唐末，发展于宋元明清时期。中国古人迷信天命，认为小至个人的祸福吉凶，大到国家的兴衰存亡，冥冥当中都有“天机”，为了窥视神秘莫测的“天机”，以便趋吉避凶，先民们发明了占卜。在中国历史上，占卜种类之繁多，令人叹为观止，就大类而言，“有甲骨卜、易占、象占、梦占、星占、六壬、太乙、遁甲、杂占等”①，签占是杂占中的一种。

抽签是我国古人判断吉凶祸福、预知未来的一种通俗方式，也是我国民间信仰习俗的重要组成部分。民间俗谓“跨进庙门两件事，烧香抽签问心事”，在闽台地区，绝大多数宫庙都备有签枝和签谱，供善男信女使用。旧时，无论是帝王将相还是平民百姓，但凡生活中遇到疑难问题难以抉择时，或是遇到天灾人祸陷入困境时，或是事业遇到艰难险阻无法逾越时，许多人都会到宫庙烧香磕头求签占卜一番，祈求神明给予指点迷津。

签占虽带有浓厚的神秘性、不可确定性和迷信色彩，但从民众抽签的出发点来看，多为祈吉祛凶，可以说，自古以来，趋吉避凶是占卜者的共同的宗教信仰心理。为了迎合这种趋吉避凶的心理，

① 林国平：《签占与中国社会文化》，人民出版社，2014年，第1页。

签诗的编造者往往会调整上中下签的比例，使上中签的比例大大增加，下签的比例减少，从而使多数签占者能够抽到上中签，满意而归。签占者的趋吉避凶心理与签诗的趋吉性特征，都反映了民众对美好生活的向往和追求。

从签占事项来看，涉及百姓生产和生活的方方面面，包括出行、求谋、求财、官事、行人、婚姻、疾病、家宅等等，几乎事无巨细均可占卜于灵签。签占之后，再根据签诗兆象和解签，以趋利避害，祈福禳灾。如福州闽侯青圃灵济宫是明代一个特殊道派——灵济道派的祖宫，曾是一座可与皇宫相媲美的雄伟宫观，故民间有“欲观北京皇帝殿，先看青圃灵济宫”之说。该宫设有《洪恩灵济真君灵签》和《灵济真君注生堂灵签》，均收录于《正统道藏》。其中，《灵济真君注生堂灵签》是专门为女性求嗣、生育而设的签谱。签谱的内容包含求嗣、占卜男女、祈求孕妇临盆顺利等，尤其侧重于求嗣和占卜男女。

2. 佩戴香袋

闽台民间认为，装有香灰（或符箓）的香袋可以保平安、驱灾避邪。因此，人们常到宫庙烧香求香袋，供家人佩戴，或悬挂于汽车上，或放在随身包里，以祛除邪祟，保佑平安。这种香袋通常为布制，两寸见方，上面绣有宫庙名称和神明名讳。如始建于宋雍熙四年（987）的莆田湄洲妈祖祖庙是全世界上万座妈祖宫庙的祖庭，每年有数十万民众前来烧香祈福。为满足民众的需求，湄洲妈祖祖庙董事会制作精美的香袋供民众祈福使用。旧款湄洲妈祖香袋正面为红色或黄色，上面绣有“湄洲祖庙”“天上圣母”等字，四角尖端扎彩色绒线，香袋内藏有香灰或符箓，在正面上缘中间处扎一扣眼，以便穿线戴挂。

妈祖香袋

近年来，随着妈祖文创产业的发展，湄洲祖庙不断创新，推出一款黄色小衣服形状的香袋，香袋正面绣有卡通妈祖像，妈祖像上方绣“湄洲妈祖”四个字，在妈祖像的左右两边绣有“天上圣母”四字。香袋上方正中间开个小口，缝上中国结挂扣。与传统的香袋相比，这种香袋更加时尚，颇受现代人的喜爱。

3. 贴神符

神符是符箓的一种，一般是画有神像和经文的黄色纸张，个别也有用木版雕刻的。古人认为神符是传达天神旨意的符信，有召神劾鬼、降妖镇魔、治病除灾等功能，因此，民众常到宫庙求神符，

妈祖香袋

一般张贴在大门上，也有张贴在汽车、店铺或者出远门时随身携带，以祈求神祇保佑全家出入平安。

4. 贴福

和全国其他地方一样，闽台民间招福的通常做法，是在春节期间在门窗、墙壁、箱柜等处贴上大大小小各种字体的“福”字。在我国民间，贴福习俗由来已久。南宋吴自牧《梦粱录》载道：“岁旦在迩，席铺百货，画门神桃符，迎春牌儿”，“士庶家不论大小家，俱洒扫门闾，去尘秽，净庭户，换门神，挂钟馗，钉桃符，贴春牌”。这里所说的“春牌”即庆贺春节的对联。时至今日，贴福习俗仍然广泛流传，不仅春节时贴福，平时家有乔迁等喜事时也贴福；不仅平常百姓家贴福，公司、商场、学校、公园等公共场所也贴福。有趣的是，因“倒”与“到”谐音，为图吉利，民间还有倒贴“福”字的习俗，寓意福到家门。这种贴福习俗，无论过去还是现在，都寄托着人们对生活的美好祝愿，反映了人们对幸福美好生活的向往和追求。

5. 乞龟摸福

在中国传统文化中，龟与传说中的龙、凤、麒麟一道被视为四大吉祥之物。“龟”与“贵”谐音，人们视龟为福、禄、寿、喜、财的象征。在闽台地区，崇龟习俗由来已久，民间流传有“摸龟头，盖大楼；摸龟嘴，大富贵；摸龟身，大翻身；摸龟脚，吃不干；摸龟尾，吃到有头有尾”[①] 的说法，乞龟摸福习俗在民间广为流传。所谓“乞龟摸福”，即用一袋袋大米堆成一只大米龟，供民众抚摸，先摸龟头，再绕圈依次摸米龟的嘴巴、身体、脚和尾巴等部位。活动结束后，将这些大米发放给民众，意为“散福”。

乞龟摸福也是泉州天后宫的一项祈福民俗活动。据史料记载，泉州天后宫始建于宋庆元二年（1196），此后历代均有重修或扩建，现存宫庙坐北朝南，占地 7000 多平方米，拥有山门、戏台、正殿、寝殿、梳妆楼、钟鼓楼、东西阙等建筑，是我国现存年代最久、规模最大、规格最高的妈祖庙，1988 年被列为第三批全国重点文物保护单位。2007 年，澎湖天后宫向泉州天后宫捐赠一万斤大米，携手合制大米龟，举行乞龟摸福活动，为两岸民众祈福。此后，泉州天后宫每年与澎湖天后宫联合举办乞龟民俗活动。2013 年元宵期间，泉州天后宫举办第七届泉州·澎湖乞龟活动，祈求新的一年国泰民安、风调雨顺、家庭幸福、事业发达，两地天后宫合制的大米龟长约 10 米、宽约 6.7 米，重达 5.2 万千，创造了当时国内历史上最大的米龟，前来摸龟的人数也创下新高，人们争先恐后聚集到天后宫来乞龟摸福，祈求新的一年吉祥如意。

① 殷伟：《福：中国传统的福文化》，福建人民出版社，2014 年，第 195—196 页。

二、服饰习俗中的“福”文化

莆田湄洲女与泉州惠安女、晋江蟳埔女一同被誉为福建三大渔女，是闽中南沿海一大民俗奇观。其中，湄洲女最显著的特征表现在服装和发型上，今人用“帆船头、大海衫、红黑裤子寄平安”歌谣，对湄洲女服饰作了精确的概括和写照。湄洲女服饰与妈祖信俗密切相关，民间相传这种服饰乃是年轻妈祖亲自设计，故被人称为妈祖服饰。大凡来到湄洲岛的人，无论在田地、渔村中，或是妈祖祖庙朝圣地，随处可见头梳帆船发髻、身穿黑红颜色分明外裤的湄洲女。

1. 半截红裤

妈祖服为对襟饰红边，以海蓝色为主调，代表海水。湄洲岛上大多数中老年妇女，常穿一条特殊的外裤，人称“妈祖裤”，俗称“红黑三截裤”。裤子上段为红色，象征吉祥；下半截为黑色，表示土地。年轻女子也有下段为海蓝色的，裤管饰有波纹，象征海水。据说这是仿效妈祖的服饰。《天后显圣录》载：“路允迪出使高丽，道经东海，……见一神女现桅竿，朱衣端坐。又载元顺元年（1457）春，粮船七百八十只，由太平江路太仓刘家港开出海洋，遇风突起……官吏恳祷于神后，祷尚未完……，恍见空中有朱衣拥翠盖，停立舟前……，不多时，风平浪静。”这些记载说明妈祖在海上救难时常穿红色衣服，故湄洲岛妇女视之神圣而仿效。但民间认为妈祖是神明可穿全红，世人为俗人，所以只取一段红色，以此表示对妈祖的敬奉，也借此保平安。有人认为妈祖裤下黑上红是因为妈祖常年在海上救助渔民，裤子被海水打湿后，远远看上去像黑色，而上半截没有被海水打湿的部分还是红色的，久而久之衍化为上红下黑的款式。湄洲是妈祖的故乡，据说湄洲岛上妇女最初是在礼祭妈祖时才穿此类服装，意在缅怀妈祖立德、行善、大爱精神，后来逐渐演化为日常服饰。对于妈祖服饰，还有另外一种诠释是其中的红色部分代表火焰，寓意以火克水，这样可永葆平安吉祥，是周易文化的一种展现。[①]

2. 帆船发髻

传说妈祖 18 岁时，父母开始为她的婚事操心，但她矢志不嫁，给自己设计了船帆形的发型，表示已把身心许给大海，护佑船舶一帆风顺。后来，湄洲岛妇女特别是中老年妇女，都喜欢把头发盘起，在后脑勺梳出船帆状发髻，象征一帆风顺，俗称“帆船头”，别称“妈祖髻”。这种船帆状发髻用夹子别起来，两边各有一根波浪形发卡，代表船上摇橹的船桨；顶上盘一个圆圆发髻，代表船上方向盘；一根红头绳盘在发髻里，代表船上缆绳；一根银钗横向穿过发髻，代表船上的锚。这些船上要件组合则代表整艘船，寓意一帆风顺。[②]

三、婚育习俗中的“福”文化

中国传统社会重视家族传承，以多子多孙、数世同堂为福。然而，在古代，医药卫生十分落后，人们婚育知识相当缺乏，久婚不育、难产、夭折等现象屡见不鲜。为了能够早生贵子、平安生产、健康成长，人们赋予神明送子、保胎安产及护佑儿童等职能，并形成若干婚育习俗。

在闽台地区，除送子观音外，妈祖、临水夫人等地方神明也被赋予送子职能，向妈祖、临水夫人祈子习俗颇具特色。

妈祖最初的职能是航海保护神，但是随着妈祖信俗的发展，妈祖的职能不断扩大，除保驾护航外，还有御寇、祛病禳灾、救产助难等职能。明初《太上老君说天妃救苦灵验经》中就有妈祖“扶持产难，母子安全”之说。《三教源流搜神大全》也有妈祖司孕育一说，称妈祖“尤善司孕嗣，一邑共奉之。邑有某妇，醮于人，十年

① 林国良主编：《莆田妈祖信俗大观》，海风出版社，2014 年，第 372 页。

② 林国良主编：《莆田妈祖信俗大观》，海风出版社，2014 年，第 372—373 页。

不字，万方高禖，终无有应者。卒祷于妃，即产男子。嗣是凡有不育者，随祷随应”。明末吴还初的《天妃娘妈传》中还有“天妃妈莆田扶产”的故事。因此，民间认为，妈祖不仅是海神，她还是一位生育神。在全国许多地方，都有向妈祖求子的习俗，如天津的“拴娃娃”、台湾地区的“讨妈花”、莆田仙游地区的换花、“请妈祖鞋”等。

换花习俗在各地略有不同。据介绍，在湄洲岛，凡结婚两三年未生育的女子，其娘家、婆家就要张罗到妈祖庙举行“换花”仪式。莆仙民间素有白花代表男孩、红花代表女孩之说。未生育的女子要事先栽好一棵枝繁叶茂的白花，如白玉兰、白茉莉或白菊花之类。每年农历八月十六晚上月亮最圆的时刻，要在花前摆好果酒、祭品，然后焚香合掌，默求妈祖恩赐，将自己命中的花树与眼前的花树互换，以求来年生个男孩。另一种“换花”习俗，是久婚未孕的女子拿一朵花，到妈祖宫庙去，与妈祖神像上的白花或红花交换，然后带回去佩戴。

在仙游县龙华镇红旗村，农历三月廿三日，妈祖巡游期间，新婚主妇必站在出游路边祈求白花，以求来年早生贵子，并放映电影一场。民间传说，大济镇利厝大厅自供奉天上圣母后，村里平安保顺。如乡里有子女新婚，其父母必办礼果，到妈祖神位前朝拜，以保子媳白头偕老，早生贵子。如年内生育子女者，必在每年农历三月二十三到妈祖神位前朝拜。

在莆田沿海流行着一个“请妈祖鞋”以祈子的传统旧俗，据说已婚妇女若多年未孕，想祈求早得贵子，就可到妈祖宫庙“请鞋”，即将妈祖神像脚上一只鞋请回，但事前需掷筊杯，得“圣杯”征得妈祖同意后方可请回。此后如有怀孕，就应到宫庙拜谢；孩子生下满月后，需备供品去妈祖庙还愿，并新制一双新鞋为妈祖穿上。

临水夫人陈靖姑的最初职能是驱妖降魔、祈福禳灾，后来增加了扶胎救产、保护儿童健康成长等职能，成为闽台地区影响力最大的妇女儿童保护神。

传说，旧时在福建古田临水夫人祖庙——临水宫前的百花桥下溪涧中盛开着各种红白花，民间认为每一朵花就象征着一个婴儿，红花代表女孩，白花代表男孩。每逢正月十五临水夫人诞辰纪念日，当地久婚未孕者便到临水宫向临水夫人上香请愿，请求临水夫人赐予子嗣，然后到百花桥下摘一朵花回家供奉，想要男孩的摘白花回家，想要女孩的摘红花。后来，随着临水夫人信仰的发展，各地临水夫人庙在主神像前摆放一个花瓶，里面插满红花和白花，象征百花桥下的红花、白花，这种习俗俗称“请花”。《藤山志》卷九《礼俗志》载道：“元宵前，家家祭祖，相传是日为塔亭临水奶诞辰。女子出嫁数年未曾生育者，多有入庙求嗣。祷祝毕，取神前花瓶内一枝花归，谓之请花。”请花仍不孕者，就要到临水宫把临水夫人神像上的一只鞋请回家供奉，称为“请鞋”。再不怀孕者，有人会偷偷割一小块临水夫人神像的衣袍回家虔诚供奉。如愿以偿怀孕生子后，要带上丰盛的供品到临水夫人庙祭拜还愿，“请花”的要归还两枝花，“请鞋”的要归还一双小鞋，割袍的要制作一套崭新的衣袍。古代医疗卫生技术落后，加之闽台地区江河纵横，山高林密，虫蛇肆虐，婴幼儿的夭折率相当高，从临水夫人信仰中还衍生出“收惊”“过关”等习俗。① 这些习俗实为迷信活动，但在迷信的外衣下反映了民众对子孙绵延、享天伦之乐的期冀。

四、游艺民俗中的“福”文化

1. 棕轿舞

棕轿舞又称“摆棕轿”“跳棕轿”，是广泛流传于莆仙地区的一种信俗舞蹈，也是正月元宵期间民间敬祀神明、驱邪祛晦、祈福纳祥的一项请神游神活动。棕轿为一种竹制或木制的四方形小神轿，高约 1 米、宽 0. 3 米，轿顶饰以棕叶，扎有棕丝，故名“棕轿”。

---

① 林国平：《临水夫人信仰中的民俗活动及其奥秘》，《闽台文化交流》2008 年第 4 期。

棕叶，气味芳香，具有清热解毒、消肿止血等功效，民间俗信棕叶可以驱邪祛晦。

摆棕轿

与普通轿子不同，棕轿只有一根轿杠，由两位身强力壮的年轻男子前后手抬。棕轿舞表演之前，要先在宫庙大埕或神像驻跸人家门前的广场或庭院内架起木柴，点上火堆，寓意兴旺发达。火堆的数量和形式，各地不尽相同，有的是单个火堆，有的是双火堆，有的是三个火堆呈直线形或三鼎足形，有的是五个火堆呈梅花形。火堆数量和形式不同，人们跳的路线、花样也不同。参加表演者，身着寓意吉祥如意的白色或黄色对襟上衣，下穿红色灯笼裤；或红色对襟上衣、黑色裤子，腰束黑色或黄色布带，脚穿布编草鞋。表演时，先由数名男子各执一面小三角旗，在前面做走、跳、左右挥旗的动作，后面紧跟着抬轿的男青年做抬轿走和摆轿跳步。在时紧时慢的锣鼓声中，一对对青年抬着棕轿沿着火堆，边穿梭跳跃，边左右摇摆、上下翻转棕轿。他们尽情跑、尽情跳、尽情转，直到篝火熄灭，整个过程通常要持续 2 个小时左右。期间，鞭炮齐鸣，还配有大鼓吹、十音八乐等，寄托了广大劳动人民祛邪、避灾、祈福的美好愿望。

2. 耍刀轿

“耍刀轿”也称“踩刀轿”，也是莆仙地区普遍流行的元宵期间抬神像出游途中表演的一种信俗舞蹈。表演队伍由抬神像、各种陪神像的青年和男童，以及有驱妖避邪职能作用的“乩童”和锣鼓队组成。刀轿的设计是按照旧时坐轿的形式制成的，但是在坐轿的座位、靠背、扶手、脚蹬各安三把利刀，所以称“刀轿”。相传，该习俗起源于明嘉靖年间，原为明末抗倭期间，为鼓舞士气而表演的一种舞蹈，后演变为祈福消灾求平安的一种民俗活动。

刀轿

“耍刀轿”表演分为两个环节：一是在游神途中，“乩童”坐在刀轿里，由众人抬着快速奔跑并用力摇摆，使“乩童”的后背、双手、臀部、脚底不断碰撞轿上的利刀，以至被割出一道道血印，观众无不啧啧称叹；二是在宫庙广场上，与“摆棕轿”面对面表演，“‘耍刀轿’的前边轿夫，一边向火堆靠近，一边踏步，一边把轿举起、放下，同时一边沿着火堆边沿，以火堆为中心转，后边的轿夫和扶轿的壮汉，按照前边轿夫动作，与其始终保持成以火堆为中心向外的一直线。”[①]整个舞蹈场面气势恢宏，动作雄壮有力，营造出一种撼人心魄的氛围，给人以强大的感召力。

① 林元桓：《妈祖民俗表演欣赏与教程》，中国文史出版社，2015年，第61页。

第三章 闽台民间传说故事中的“福”文化

作为信俗文化的重要组成部分，民间传说故事历史悠久，影响深远。在流传过程中成为优秀中国传统文化的重要组成部分，融入民众的生活之中。目前，从历史学、哲学、社会学、美学、文学等多个学科或领域探讨民间传说故事与信俗文化的成果颇多。在民间传说故事中蕴含了“福”文化的内涵，反映了人们对幸福美好生活的向往与追求。以“福”文化为表征的闽台民间传说故事随着华夏民族数千年的发展而流变，体现了丰富的中华文化心理，展示出自身的文化自信力。

第一节 闽台民间传说故事概览

传说是古老的口头故事体裁，民间传说故事的源头可以追溯到远古的神话。秦汉时期的闽越地区盛行原始宗教和巫术，为福建民间传说故事的形成提供了肥沃的土壤。

一、闽台民间传说故事的发展流变

自汉代以降，道教的产生、佛教的传入对社会各个阶层产生了重大影响，神仙观念的演化与鬼神崇拜的流行成为这一时期的显著特点。佛教、道教中的鬼神、巫术、神仙说、谶纬之学、卜筮符咒等观念逐渐深入人心。汉平闽越后，中原移民逐渐增多，到了西晋末期，永嘉之乱，“八姓入闽”，中原移民进入福建后，城隍庙、土地公、武夷君以及徐登、赵昞、葛玄、何氏九仙、董奉、王霸等道教俗神传说纷纷登场。这些神祇的出现、信俗的演变往往伴随着丰富的传说故事，借助闽人的造神运动得以传播。进入唐宋之后，佛教中的因果报应、轮回转世等思想广为流传，观音显圣的传说妇孺皆知。唐中叶后，随着中原移民南迁，福建尚未得到充分开发，自然条件较为险恶，众多天神地祇因传说足以震慑山妖水怪而家喻户晓，深入民心。唐宋时期是福建历史上重要的造神时期。妈祖、保生大帝、临水夫人、清水祖师、广泽尊王、张圣君、定光古佛等众多至今为人崇祀的神祇都在这一时期相继出现。

据传说，夜晚圣墩上闪现白光，妈祖托梦建庙，并在给事中路允迪出使高丽遇到风暴时予以庇护，避开风浪。后世关于妈祖显灵示圣泉去疫疠、助官兵平寇患、祈雨降甘霖等护国庇民的传说不胜枚举。这些传说在流传过程中，为越来越多的世人所熟知，引起历代王朝的重视，予以褒封，直至今日仍然有着重要的影响，留下诸如妈祖祭典、妈祖海祭、妈祖巡安、天下妈祖回娘家等一系列重大的信俗活动，不仅寄托了民众对神祇的崇祀与祈盼，更进一步与当地社会经济的发展相联系，成为地方的一张名片。在关于二徐真人的传说中，赋予其灭火、祛病、赐子、祈雨、庇佑中举等职能。在传说故事中，二徐真人能够以符箓救治疾病，对于民众求子的愿望，也多能如愿。在福州大旱，闽侯一带蝗灾肆虐、闹瘟疫，青布横溪山洪暴发之时，二徐真人对民众的祈雨、灭蝗灾、祛瘟疫、止山洪的祈祷皆有求必应，以致二徐真人的庙宇被不断翻建，南宋时期，官府赐二徐真人庙“灵济”庙额。此外，一些为地方作出贡献的贤达也逐渐被予以神化，予以奉祀。传说中能伏虎豹的萧孔冲、抵抗匪寇阵亡的余望、好善乐施的陈寅均被乡人立庙奉祀。这些灵验传说的形成与传播塑造出众多神祇，人们在顶礼膜拜中将这些传说故事记录下来并加以完善丰富，将其纳入信俗文化的重要组成部分之中。至明清时期，民间传说故事经过历代的加工传颂，内容愈益丰富，其中的故事情节多以民众日常生活中的求财、求姻缘、求子、保平安、金榜题名、仕途升迁、祈雨、消灾、抗疫等朴素的愿望息息相关，寄托着对幸福生活的期许，并且演化出地域色彩浓郁的信俗文化。以保生大帝为例，留存的宫庙建筑、石刻、剪瓷雕、壁画、药签、祭祀歌舞仪式等载体，都成为富有特色的信俗的一部分，饱含着民众的愿景。当时富贵之家妇人女子的生活内容之一便是敬奉神明，祈求庇佑家族兴旺昌盛。

明清时期，福建民众渡海迁居台湾者日盛。在当时的航海技术条件下，渡海行为本身便是一种将生死寄托于神明庇佑之下的冒险。即使跨越海峡，能够成功登岛，还必须面对当时岛上严峻的自然环境。因此，来自福建的移民们便会自然地将祖籍地的神祇带到台湾，随之而来的还有代代相传的故事与祭祀习俗。这些蕴含着“福”文化的故事在台湾生根发芽，逐渐流传开来，成为闽台两地间血浓于水、一脉相承的见证。

移民们在面对艰险的环境时，赋予神祇许多新的职能，进一步丰富了民间传说故事。在明清时期，出现了记录妈祖传说的长篇通俗读本《天妃显圣录》，记述临水夫人事迹的通俗读本《闽都别记》。临水夫人陈靖姑的事迹还被排演成剧目上演。

二、闽台民间传说故事的主要类型

闽台民间传说故事通过演戏酬神、说书评唱、民俗庙会等方式得以传承。这些传说故事里的神明及先贤被赋予了各种不同职能。在围绕神明崇祀展开的民间传说故事中，大多涉及祈求甘霖、荡平贼寇、治病祛疾、舟楫平顺、科举高中、救产送子、驱除猛兽等内容。

在八闽志书中，充斥着大量神祇祈雨灵验的传说，这显然与中国传统农业社会中的生产生活密切相关，民众多祈盼风调雨顺，而气象变化则非古代人力所能及。人们很自然地将这一愿望寄托于神明，并由此衍生出神明显圣的各类传说故事。在《敕封天后志》中的《救瓯闽涝》便记载了宋宁宗庆元四年（1198）妈祖显灵，不仅消除洪涝灾害，还使农业获得了丰收。在台湾地区，还有关渡妈祖显圣灭蝗灾的传说。除此之外，明溪的莘七娘，由泉州传至台湾的保仪大夫、各地的城隍庙，在传说中都被赋予了祈雨消灾、庇护农业丰收的功能。据记载，永定陈东地方因一年“四月八”广济祖师游神出巡后，当年禾苗不熟，五谷歉收，次年便增添三平祖师参与游神出巡，当年风调雨顺，全乡丰收。连城下堡传说当地农民江长策因追逐白鹿意外进入一个山洞获得谷穗带回耕种，并将谷种传播出去，乡人喜获丰收。众人为报答神明，设置“神农帝主五谷真仙”牌位，供人进香祭拜。①

在流传至今的民间传说故事中，神祇显圣击退飞贼流寇的事例不在少数。面对欺压百姓的地方恶霸、盗贼流寇，地方官员往往表现得软弱无力。手无寸铁的平民百姓便祈盼神明能够保境安民。在建宁地区流传着关于梨山泽民庙神李频的传说。相传明朝洪武元年（1368），征南将军何道久攻建宁不下，盛怒之下命令士兵在城破之日屠城。当晚何道梦见一穿着唐装、圆目长须者，告诫他，不日即可获此城池，但切勿屠戮生灵。第二日，城池守将达元芳便献出城池，郡守率众人归降。何道入城之日，秋毫无犯。相传建安县的神应庙在宋代时曾预知贼寇将至，并在贼寇抵达建安时，忽然刮起烈风，使群寇寸步难行。永泰也曾出现太傅吴元美击退山寇的传说。莆田显应庙的传说更为奇特，因民众求助于神明，神明竟然让贼寇自泄机密，最终被官府一网打尽。在闽北建宁也流传着玄天上帝显灵击退贼寇的传说，闽西地区则将击退贼寇的职能赋予定光古佛。据《八闽通志》的记载，福州闽王庙、松溪县济美庙、惠安凤山通灵庙、南安威震庙、莆田祥应庙、宁德黄都相庙、建阳舍人庙等诸

---

① 俞黎媛：《闽台民间神明传说研究》，福建师范大学硕士学位论文，2003年，第27—28页。

多庙宇都流传着神明显圣，亲自上阵击退贼寇的故事。神明甚至还能够预测何时出战方能取胜。玄天上帝就曾在海寇进犯福州时预测战果。据记载，当时福州廉访司掌书记曲时敬领兵抗击海寇，向玄天上帝祷告，神“不许与战，果不利。明日再祷，许之，兵既接，仿佛若有神助，遂大胜。时敬感神之庇”。[①] 明代福州百户宁祥、张清，里人张子政都曾向七圣庙奉祀的神明赵昱祈祷，击退进犯的贼寇。[②] 许多人士还曾编造神明喻示，以安定民心。明朝成化十年(1474)，处州贼将入政和，“民心惶惧，时参议陈渤按邑，白昼瞑目”，梦英节庙神张谨大声曰：“贼不入邑，勿惧！”已而果然。[③]

古代医疗技术落后，福建地区的民众“上诸府，病则听于巫；下诸府，病则听于神”[④]。明清时期，福建移民渡台后，面对高温湿热、瘟疫盛行的恶劣环境，人们再次将希望寄托于神明，诞生了许多具有治病驱疫功能的神明，如医药神保生大帝、沈中丞悬壶济世与主司瘟疫的王爷。相传宋仁宗时期，太后患病，太医束手无策，仁宗只好命人粘贴告示，遍寻名医。从福建来到汴梁的乡间医生吴本（又作“吴夲”）揭下皇榜后，便被带入皇宫。宋仁宗见他其貌不扬，身穿道袍，脚着布袜草鞋，声音如打钟一般，行事不知礼节，便心生疑虑，但因无人能医治太后痼疾，因此便对吴本加以试探。仁宗先后命人将红丝线系在床腿和猫脚上，让吴本将手指搭在丝线上号脉，吴本直摇头，连声说道：“没治了，没治了。”仁宗听后，反而大喜过望，认为这一村医有真才实学，不妨一试，遂命

① 黄仲昭：《八闽通志（下）》卷 58，福建人民出版社，1991 年，第 370 页。

② 黄仲昭：《八闽通志（下）》卷 60，福建人民出版社，1991 年，第 414 页。

③ 黄仲昭：《八闽通志（下）》卷 59，福建人民出版社，1991 年，第 386 页。

④ 施鸿保：《闽杂记》，福建人民出版社，1985 年，第 111 页。

吴本为太后诊治。吴本为太后隔幔灸艾炷，钢针刺背脊，又让太后内服丹药，太后的病逐渐好转。仁宗将吴本奉为上宾，不仅赏赐金银财宝，还要封吴本为御医，但吴本坚辞不受，认为自身“志在修真，拯救苍生”。他恳请仁宗让他回归乡里，继续为百姓行医治病。仁宗苦留不住，只好敕封他为“妙道真人”。此后，吴本云游四方，治病救人，深得百姓爱戴。晚年回到故乡，在海沧青礁的岐山、东鸣岭、龙湫坑之间凿井取泉，采药炼丹，为贫苦民众送医送药。当时闽南地区瘟疫流行，吴本带着弟子跋山涉水去采药，不慎跌落山崖，因伤势过重去世。当地百姓为纪念他，自发筹建龙湫庙供奉。南宋高宗时期，命地方官仿照皇宫式样，建造一座宫殿以示尊崇，百姓纷纷建造慈济宫来供奉吴本，称他为“保生大帝”。“保生大帝”是闽南地区流传甚广的民间信仰之一，对民众的行为举止都产生了潜移默化的影响。直至今日，闽南地区的慈济宫仍然定期开展义诊赠药活动，造福于民。这是保生大帝救死扶伤，医德高尚的现代传承与真实写照。此外，福清城隍庙、长汀则顺王庙、永泰杜公庙、莆田龙宫显应庙、台湾云林县永福寺等宫庙都流传着神明救死扶伤，显圣赐药的传说故事，民众也虔诚地奉祀着这些神明。

在台湾，历来都把“沈中丞”视为救命大仙。每逢迎神赛会的节日，在彩旗上、画屏里都可以看到“沈中丞悬壶问世”的故事图。沈中丞本名沈佺期，他从小生活在闽南山村，精通医术。他曾协助郑成功征讨侵占台湾的荷兰侵略者。大军刚进驻台湾时，许多士兵染上痢疾，沈佺期找来草药医好了大家的病，因此获得了“为医如神”的美名。他还告诫士卒：“我们初到岛上，困难重重，要遵纪爱民，处事不能鲁莽，要以德待人。”沈佺期常常替人诊病，悬壶为医。台湾同胞常常看见这个方脸大眼的美髯公，身着灰衣，头戴方巾，脚穿草鞋，手持一支藜杖，藜杖上挂着一大一小两个葫芦，走街串巷，翻山越岭，走遍偏僻村社和荒漠山间治病救人。沈佺期以治病救人为乐事，给贫穷人治病一概分文不取。在台湾人民心目中，沈佺期是一个活神仙，他的故事在海峡两岸民间广泛流传。

在闽台地区，以海为田、靠海谋生的民众经常遇到惊涛骇浪，由此创造出诸多海神，幻想通过神明庇佑达到海不扬波、平安顺遂的美好愿望。妈祖、临水夫人、玄天上帝、拿公拿婆、水部尚书、张圣君、福德正神、海龙王等众多神祇都被赋予了庇佑海上航行安全的职能。据记载，闽清县武功庙里的感应将军、灵应将军、威应将军、莆田秀屿的灵感庙、福州厚屿庙主神叶忠、宁德的忠烈王庙、三明清流县的九龙庙所奉祀神明均被传说塑造为能够庇佑船只出入平安顺遂。在关于临水夫人陈靖姑的传说故事中，也有施法救助在外漂海的父兄回家的情节。平潭观音澳则传说观音曾云游至此，了解渔民疾苦，挥剑斩孽龙，保民众安居乐业。民众出海前，大多会到寺庙求取香火袋作为护身符，或随身携带小神像祈求平安。传说清代台湾镇总兵张玉麒调台，途中遭遇大风，梦见玄天上帝施救，得以平安抵达，到岸后，连忙命人重修庙宇，予以奉祀。天后妈祖庇佑民众出海、渡海的传说故事更是不胜枚举，相传姚启圣渡台、福康安擒林爽文都有赖于妈祖显灵庇佑。

自宋代以降，福建科举盛况空前，许多及第的文人都将自己登科及第归功于神明庇佑。在《夷坚志》及地方志书中，充斥着大量福建文人士子及第的故事与神祇庇佑的传说。相传宋淳熙年间，福州长溪人林刘举因祈祷于钱塘门外九西圣行祠而高中；南宋绍兴年间，邵武郡人张凤祈祷于惠应庙而高中；莆田黄泳赐祈祷于英惠庙而高中[①]；泉州晋江铁炉庙中的应魁圣王庇佑本郡士子求取科名，宋庆元三年（1197）秋，曾从龙前往求愿，而后兄弟二人同时登科，颇为灵验。[②] 许多学子甚至在高中之后，将自己的成功归因于

① 黄仲昭：《八闽通志（下）》卷60，福建人民出版社，1991年，第407页。

② 黄仲昭：《八闽通志（下）》卷59，福建人民出版社，1991年，第387页。

神明在事先泄露天机，预示考题，助佑其高中。

救产送子也是闽台民间传说故事的一大主题，以临水夫人为代表。据传，台中地区从前妇女生产痛苦时，常常口念“台中临水宫三奶夫人”，三奶夫人听闻后，若产妇闻到玉兰花香味，便是临水夫人显圣。直至道光年间，还有传说临水夫人庇佑皇后脱险顺产，由此被称为“陈太后”①。陈靖姑以“伏胎救产、保赤佑童”的神职为众人所敬仰。向临水夫人求得白花遂得男嗣，若求得红花将得女儿的习俗已深入人心。临水夫人救难产、送子嗣的传说经过历代的演化，已越来越具体形象，派生出陈靖姑手下三十六宫婆，从受孕、怀胎到临产、育儿都做了具体的分工。不仅有教吃、教笑、教行、教武的角色分工，甚至还设计出拍子婆娘这样的角色负责在孩子不听话时加以管教。这反映出民众对于生育子嗣非同寻常的重视程度，因此临水夫人在闽台地区拥有众多的敬仰者。

闽台地区多奇峰异石，虎豹猿猱甚多。为谋求生存，闽台地区的民众在适应环境的过程中形成了许多独特的经验，流传着许多传说故事。这类传说在福建地区流传广泛，人们将自然风物附会上一个个神奇的故事，使得社会观念与故事融为一体。在《冠豸山的传说》中，塑造了一个名叫杨建平的“半仙”，传说他的师傅为了试探其德行，假借其母亲与妻子去世的消息探其孝心。但杨建平为了赶山，置若罔闻，未能通过考验，失去了法力，从此这一列山石便留在连城东郊，在一马平川上拔地而起。人们原来称这座山为“莲峰山”，后来因这座山山势巍峨雄壮，像古代执法官吏的帽子獬豸冠，所以又改名为“冠豸山”。这个传说传达出孝道观念，警示世人要孝顺父母，不可丢弃这最基本的道德标准。在《汀江的传说》中，相传下坪村里有两个少年，大的叫驯龙，小的叫化龙。化龙因误吞了一粒像鹅卵似的东西，形体性情大变，变成一条蛟龙，为害

① 《临水夫人陈靖姑》编委会：《临水夫人陈靖姑》，海峡文艺出版社，1995年，第93页。

一方，造成洪水泛滥，危及百姓生命。人们只好每年一同跪拜、献祭品，祈求免于生灵涂炭。十年后，被普陀山紫竹林师父收留的驯龙成为法力高深的道士，他规劝化龙随他跃出龙门，奔腾南下，其间经过数不清的急流险滩，终于来到南海。从此，这条由蛟龙打开龙门而穿流出来的江水，后人称之为汀江。这则传说将龙门之水称为汀江，既蕴含了当年民众为适应环境付出的艰辛，也为汀江的来历增添了神秘色彩。在《水仙茶》的故事中，将水仙茶视为能治病救人的仙物，将水仙茶的栽种、传播赋予神秘色彩。茶文化是福建文化的重要组成部分，作为福建这一独特地域环境下孕育的植物，茶带给人们清幽芳香的气味与美好的感受。这些关于地方风物的传说故事，不仅记录了闽台地区的自然风貌，还透露出先民的艰辛不易，古代人们多有奉祀山神、河神甚至茶神的信俗，以此寄托人们的心愿。

为对抗飞禽猛兽，闽台民众建立了许多庙宇，供奉起形形色色的神明，祈求平安。屏南的虎婆庙祭祀为驱虎而献身的江夫人。在关于临水夫人的传说中，也出现了斩蛇精的故事情节。永春、德化、安溪一带则流传着法主公灭蛇伏怪的传说，三平祖师、清水祖师等被赋予降服蛇妖的角色。《八闽通志》中记载，连江一地建立了大小亭庙之后，“里无虎豹之患建，盐亭获其利”。① 福清孚应庙之神，“能禁虎为暴，乡人赖之”。②

在长期的生产生活中，闽台地区还流传着许多风俗习惯的传说故事。如《祭灶的传说》将灶公与一位名叫张定福的又穷又懒又好吃好赌之人联系在一起，传说张定福死后，妻子为掩人耳目，在灶壁上安了灵位，灶壁上贴有红纸条，写着供奉“定福神位”等字

① 黄仲昭：《八闽通志（下）》卷58，福建人民出版社，1991年，第371页。

② 黄仲昭：《八闽通志（下）》卷58，福建人民出版社，1991年，第372页。

样，每逢农历十二月二十四日祭拜。邻居们见她家境富裕生活平安，便将功劳归结于祭祀灶君的结果，颇有对好吃懒做的讽刺意味，这就是祭灶风俗的由来。《后九节的来历》中，老汉含冤入狱，儿子为了躲避狱卒盘剥，让老汉吃上好一些的食物，只好将糖枣、柿饼等捣成酱泥，做成馅包在粉糍里面，外面再粘薯丝、饭渣，显得又脏又难看。直至正月二十九日，在不断地申诉鸣冤之下，老汉沉冤得雪，乡老提议将这天定为“孝父节”，打那以后，每年此日，村里家家户户都做了或甜或咸的薯粉糍，年岁逢九的男女，都要在这天早上到亲戚家吃一餐薯粉糍，意味着团圆美满。因为老汉消灾脱险过了五十九岁，所以也叫“过九”。又因为这天是最后的一个“九”日，所以又称为“后九世”。这个风俗一直沿袭至今。在关于大鼓凉伞习俗的故事中，相传明朝时，戚继光追击倭寇途经漳州，老百姓听闻戚家军前来，扶老携幼出城迎接。一些小青年把大鼓用彩带系在胸前，敲着欢快的鼓点，和着有节奏的舞步迎接戚家军。戚继光见到百姓热忱相迎，随即命令撑凉伞的士兵上前用凉伞为这些小伙子遮阳。百姓们都称赞戚将军体恤民情。后来，为了表示对戚将军的怀念，大鼓舞增加了凉伞伴，拿凉伞的妙龄少女腰系短裙，手舞彩绸凉伞，与赤膊敲鼓的小伙子成双成对，翩翩起舞，遂成了如今的大鼓凉伞舞。

闽台民间传说故事类型多样、题材丰富、主题鲜明。展现了闽台地区民众丰富的想象力和创造力。这些传说故事经过岁月的淘洗和筛选，得以保存传播。人们在代代相传中不断对传说故事的内容、情节逐步加以完善，展现出许多主题相近的传说故事版本。这些作品源于生活，蕴含着许多为人处世的朴素道理，具有启迪和感化作用，饱含生活智慧。一些传说故事中的人物在长期口耳相传中被人们奉为神明加以祭祀传颂，丰富了闽台地区的信俗文化，民众也在传说故事中得到精神慰藉，诠释丰富了“福”的内涵。

第二节 闽台民间传说故事的“福”元素

一、闽台民间传说故事与“福”文化

民间传说故事是人民精神、心理现象的映射。它在人们认识世界、改造世界的过程中形成，反映着人性对善良、美好的追求。民间传说故事在代代相传中延续至今，这本身就是一种潜移默化的教育。在闽台民间传说故事中，有许多宣扬孝悌仁义、爱国爱民、惩恶扬善、忠贞不屈的故事，褒扬勤奋努力、技艺精湛的平民子弟，表达着人民向往美好生活的朴素愿望。这是民众在特定环境中生活经验的反映和心理诉求，记录了人们适应环境、谋求生存与发展的历程。

民间传说故事与普通民众的生活息息相关。在传承过程中，一方面受中国传统思想文化的深刻影响，另一方面又与国家政治生态、利益链接、社会发展等产生一定程度的互动。它的存留为我们更好认识和揭示其人文精神架起沟通的桥梁。“福”文化是对生命的关照尊重与对个性发展的重视。“福”文化是真善美的体现，它所体现出的中国传统美德正是其魅力所在。

存留至今的蕴含丰富“福”文化元素的民间传说并不是个别人的行为，而是广大人民群众在漫长历史过程中的文化心理积淀。人们虽因地域、种族、文化的差异导致价值取向、风俗习惯、审美观念不同，但人之本性对善恶美丑的认识有相通之处。民间传说故事在诸多方面影响着人们对真善美的认同，如行医治病、扶危济难、佑人平安等等，这既是文化传播，也是观念的教化。

在民间传说故事中，包含了对是非、善恶、美丑、真假的探讨，引导民众追求幸福美好的生活。闽台地区有着极其丰富的信俗文化资源，在历史上名人辈出，群星璀璨。有的是可歌可泣的民族英雄和爱国者，有的是为民造福的清官名流，有的是才华横溢的文

人。他们的故事给后人留下了深刻的印象。

闽台文化同根同源，是中华悠久历史文化的重要组成部分。在闽台民间传说故事中，蕴含了大量的“福”文化元素，体现了先民适应环境，追求美好生活的愿景。闽台民间传说故事中保留了大量具有地域特点的民间传说，涉及历史名人传说、地方风物传说、历史故事等。这些传说在流传中变异、丰富和完善，经过群体的口耳相传，在传播中添枝加叶，逐渐附会和融合上一些相关联的人物和情节，具有值得重视的社会功能与文化意义。闽台民间传说故事与人们的生育、祭拜活动、迎神赛会等紧密相连。民间传说故事对人们深刻理解乡土文化和民族精神有很大的助推作用，也能让人感知农耕文化的基因。挖掘民间传说故事中蕴含的“福”文化元素，有助于讲好福建故事，传播福建声音，拓展中华优秀传统文化的传播力与影响力。

二、闽台民间传说故事的“福”韵味

闽台民间传说故事的诞生与传播多是基于民众自身的生活经验之上，体现了世俗性的特点。这些传说故事中的神明有僧人、道巫、官吏、百姓、自然物等等，其原型多为俗世中的人物。唐代后期漳州三平寺的开山和尚杨义中被神化为三平祖师；北宋安溪县清水岩的陈普足被神化为清水祖师；北宋武平县南安岩的僧人郑自严被神化为定光古佛；连江英显庙中主祀的萧孔冲削发为僧后传说其能伏虎豹；北宋同安白礁村的吴本因善治病而被奉为保生大帝；南宋时期永泰张圣被神化为张公圣君。被民众神化奉祀的官员政绩显著，清正廉明，保一方安宁。唐代漳州刺史陈元光被奉为开漳圣王；五代时期闽王王审知受人立庙奉祀；古田县的城隍神刘疆是古田县的第一任县令；宋代莆田县的钱四娘和李宏因捐资建木兰陂，民众建庙祭祀；政和县吴公祠祭祀的吴处士是率众人耕种，接济贫病者的好义之士。土地公、玄天上帝、城隍神等展现出闽台信俗的丰富多样性特点。这些神祇普遍具有人的特性，有着相通的喜好憎恶。传说故事中的神明与俗世中的人一样，有俗名，有妻妾，有生日，有祭日，与平凡人物有共同的喜怒哀乐。在福州流传的故事《鸡渡口》中，观音喜欢吃李铁拐送来的香蕉，还以一只公鸡作为自己的回礼。传说莆田大洋的忠顺圣王在生前并未娶亲，庙宇附近的一姚姓女子去世后竟成为忠顺圣王的妻子，并被民众奉为夫人，有送子嗣的职能。传说故事中的神明还会以托梦的方式要求民众为其建庙，台湾和福建的居民还让妈祖看护婴儿，将天妃庙作为托儿所。泉州晋江传说苏夫人成神后，附近农妇在农忙出工时，可把孩子寄放在庙里。[①] 台湾的民间传说故事中，玉帝掌管着科举、军务、农田、工程建设、商务、医学、航海、命理、娱乐、驱邪、祛疫、生育、福利等各式各样的职能，这都是按照人世间的秩序予以安排。

民间传说故事中还将许多利国利民的神明通过敕封、赐额、钦定神明、举办祀典使其正统化。地方百姓希望自己奉祀的神明得到政府的认可。各个庙宇需要神祇得到朝廷认可，杜撰出诸如显圣救驾、助战保境、为皇室驱疾祛疫等，给奉祀的神明戴上神圣的光环，如在台北就流传着清水祖师在中法战争中显圣击退法军的事例。[②] 建筑宏大的庙宇是神祇尊严的象征。享有官方祭祀的神明多由官员率下属及乡民祭祀，排场规模巨大，出巡的神像仪仗则参照王侯及帝王出巡的仪仗。

这些民间传说故事具有社会教化的功能，体现了儒家的孝悌思想。相传陈靖姑曾割肉医补父母疮疽，割骨还父，割肉还母，咬破手指还血观音。这些都是按照儒家礼教的要求来塑造陈靖姑。安溪广泽尊王也有侍奉双亲，建有孝子祠，后皇帝下诏改孝子祠为广泽

---

① 李天锡：《华侨华人民间信仰研究》，中国文联出版社，2001 年，第 181 页。

② 铃木清一郎著、冯作民译：《台湾旧惯习俗信仰》，众文图书公司，1989 年，第 505 页。

尊王庙的故事。还有许多故事宣扬爱国主义。相传安史之乱期间，睢阳太守许远奉命守城而被捕遇害，后人奉许远为保仪尊王。闽南地区有许多奉祀文天祥、张世杰、陆秀夫的庙宇，褒扬其不屈的民族气节。台湾的"义民爷"则是那些保乡卫民而英勇牺牲的忠烈义士。

在关于闽西定光古佛的传说中，据说他在一地主家作长工，其东家行善，得到定光古佛施法相救。民间传说故事中有着世俗道德中的善恶观，提醒着人们修善弃恶。在闽台地区流传的出米石、出盐洞等传说，也是在告诫世人要戒除贪念，取财有道。闽台民间传说故事蕴含了许多合理的思想因素，教导世人为善去恶，孝敬长辈，爱国爱民，自强不息。

民间传说故事在创作和流传中具有自身的特殊性。它以集体性的口耳相传为特征，在民众中传承，拥有厚实的群众基础，并随着地域、时代、社会发展变迁而逐渐演变。闽台民间传说故事大多诉诸口头语言，没有具体的作者，也没有绝对的定本。它在流传中不断被再创作。民间传说故事存在于民众的口头语言中，"活态"是其本然形态。民间传说故事因时、因地、因人而变化。在历史进程中常常被认为是社会底层"粗鄙"的文学，但正是这一深入社会底层的属性，让其在属于自己的时空界限中生长，拥有广泛的民众基础，具备了显著的"人民"特征。民间传说故事"始终陪伴着人民的生活，在生产斗争、阶级斗争和日常生活中，发挥着各种直接或间接的作用，它是人民生活的百科全书"。[①] 闽台民间传说故事产生、发展、流传于闽台这一具有独特自然环境与人文色彩的区域之中，是普通百姓喜闻乐见的文学形态。它所宣扬的孝悌友爱、忠诚爱民、坚贞不屈等优良品质，表达了民众对美好生活的向往与追求。

闽台民间传说故事产生于闽台这一地域环境中。福建以"福"

---

① 钟敬文：《民间文学概论》，高等教育出版社，2010年，第35页。

为名，“福”文化源远流长。千百年来，八闽儿女在这块土地上辛勤劳作、努力拼搏。在传统农业社会中，五谷丰登、六畜兴旺就是民众对美好生活的朴素向往。闽台民间传说故事的产生、流传也自然从对乡土地域生活的描绘中漫延开来。在空间维度上，闽台民间传说故事以山海为依托，在时间维度上，以重大历史事件为支撑。在对外交往中，福建与台湾地区以及东南亚国家之间的联系深刻影响了闽台两地民众的生活方式与理念，成为“福”文化的重要组成部分，生动书写了“福”文化的篇章。作为表达体验、情感与愿景的文学形式，民间传说故事中洋溢着人民对美好生活的向往。美好生活既是物质的富足，也是心灵的舒适和安宁。

“福”文化根植于中华优秀传统文化的沃土之中。中华民族自古就有崇福、尚福、祈福、盼福的传统，对“福”文化具有普遍的心理认同和文化认同。“福”就是中国人的生活愿景。民间传说故事是一种携带意义的感知，是文化的外在表现形式。在漫长的历史岁月中，“福”文化符号在文化视域中沉淀了丰富的意义和内涵，被编织进中华民族文化谱系之中。“福”文化带有鲜明的福建特色，福建是全国唯一以“福”字命名的省份，具有底蕴深厚的历史文脉。古往今来，福建人民以各种形式传承和演绎“福”文化，形成高度的心理认同和价值认同，内化为流淌在血液里、镌刻在灵魂中的精神力量。

重新审视闽台民间传说故事中蕴含的“福”文化元素，推动这一产生于民众之间的宝贵资源实现创造性转化、创新性发展，守正创新，讲好福建故事，彰显“福”文化的文化价值。“福”文化不仅是文化的存在方式，也是进行对外交流、彰显其文化价值的桥梁。民间传说故事中蕴含的“福”文化展现了民众生产生活的样貌，与日常生活融为一体，其包含的地方性知识具有对民族文化及其价值观念的自觉认同与执守的意愿和情操，有利于增强文化自信，增进对中华文化的了解和对中国形象的认同。

第四章 闽台宫庙建筑中的“福”文化

第一节 宫庙木作古建与“福”文化

宫庙建筑积淀着深厚的文化。中国传统宫庙建筑是中华民族生存智慧、工程技术、审美理念、社会伦理等文明成果的载体，客观、真实地反映着当时社会的政治、经济、文化和思想，蕴含着中华文明源远流长、生生不息的智慧，是中华文明的重要组成部分。中国古人很早就开始研究天象，并有辨方正位思想，尊重自然、顺应自然，在建筑的选址、建造上，这种天人合一思想体现得淋漓尽致。所谓“天道曰圆，地道曰方”。古人将“天圆地方”的审美崇拜完全渗透到建筑中。此外，宫庙传统建筑往往寄托着人们的思想。宫庙是信俗文化的重要载体之一，是信俗文化历史性、能动性、直观性的客观体现。通过这一载体，我们既可以看到信俗文化厚重的历史，又可以感受到信俗文化历久弥新的生动气息；既可以体会信俗文化蕴藏的中华优秀传统文化精髓，又可以感知民众的敬仰之心。在领略信俗文化博大精深的同时，亦可欣赏文化艺术的独特魅力。可以说，宫庙建筑蕴含着中华优秀传统文化的哲学、伦理、道德规范、文学艺术等人文精神，表现出艺术形态的丰富多样性。凡有宫庙必有楹联，其数量十分可观，且意蕴丰厚，反映出中华传统文化的主流价值观念。在随处可见的宫庙建筑楹联中，我们都能清晰地看到对“福”的祈盼颂扬以及对后人的教化。楹联的语言优美，寓意深远，格调高雅，被广泛运用到殿堂、楼阁、庙宇等建筑之中。

一、护国庇民，靖海安澜

漳州梅林天后宫位于南靖县梅林镇梅林村旧圩尾，于 2009 年被福建省政府公布为省级文物保护单位。庙的大殿匾“慈恩普济”，神龛奉祀妈祖神像。庙前梅溪岸立有妈祖雕像，庙中竖有县政府文保碑及捐款碑，有楹联“体天地生成之气，实穹苍育民之心”。这里地处山区，从前梅林村的魏姓家族为生计，与人相约前往新加坡等地经商或当苦力。该村侨胞有三万多人，分布在世界各地。当地有句古话“漂洋过海三分命”，海上风大浪急，旅途险恶，生死难料。清代留守家园的村民父老从莆田湄洲岛请回“海上女神”妈祖奉祀，兴建妈祖庙供奉妈祖，盼望能够庇佑族人平安，寄托家人对在外亲人的思念之情。如今梅林村农历三月二十三日妈祖诞辰已成为当地极具特色的民俗活动，也是与台胞、海外侨胞沟通的一座桥梁。这里每年都举行妈祖游村的大型活动，队伍浩大，有妈祖神轿、大鼓凉伞、西乐队、龙队、狮队、锣鼓队，每到一处都有村民摆香案祭拜，以求阖家平安、幸福美满。龙岩永定区湖坑镇洪坑村天后宫位于该村水口，内主供妈祖，还有顺风耳、千里眼等神祇。内有多副楹联：“垂母范以济慈航西方有佛西河有圣，膺龙纶而光谱系九天为后九族为姑”、“巾帼有英灵护国庇民历代褒封光梓里，裙钗多浩气降魔荡寇普天瞻仰切葵忱”、“圣德配天阅宋元明清以祀隆大典，母仪称后奠江淮河海而庆溢洪川”，均展现了天后护国庇民，庇佑出海航行安宁的神职。洪坑村林姓每年农历三月二十三日和九月二十三日都要祭祀妈祖。各家各户都要准备斋菜、三牲等祭品到天后宫祭拜，祈求平安吉祥。

二、立德修身，台海一家

漳州东山县陈城镇宫前村天后宫是一座历史悠久，和台湾地区有密切历史渊源关系的宫庙。这里是当年施琅将军出师台湾启航时的港湾，平时有闽、粤、台各地渔船避风。2005 年 5 月，被福建省政府公布为省级文物保护单位，2009 年 2 月，漳州市民族与宗教事务局、漳州市人民政府台湾事务办公室授予其“漳州市对台交流重点宫庙”。宫前天后宫始建于明代永乐年间（1403—1424），至今已有近六百年历史。占地面积 3700 多平方米，建筑面积 300 多平方米，宫前广场 3500 多平方米。天后宫属传统抬梁式木构架土木建筑，硬山顶，坐北朝南，依山临海，面对台湾海峡，有门楼、大殿、小侧室、天井、凉亭、广场等。大殿内奉祀海神妈祖，是明代神像，至今已有五百多年历史。妈祖神座上方悬“天上圣母”木质黑漆鎏金匾额。庙中有不少古今匾额、楹联反映了妈祖信俗文化的丰富内涵。如“圣德如天万里风波宁海国，母仪称后千秋俎豆奠湄洲”、“系出湄洲吸月吞江靖海宇，祠镇陵岛慈云法雨泽群黎”、“赫赫伣庥伣天之妹，穰穰降福在水之湄”。庙外大门两旁书写四大字“安澜瀚海”，为金书篆书。宫庙前左边有一古井，是当年施琅军队喝水的古井，称“天后龙井”。施琅出师澎湖前曾在此天后宫祭拜妈祖，并在宫前湾誓师、祭江。至今已有 200 多家台湾宫庙至宫前天后宫祭拜妈祖、交流，该庙每年正月都举办妈祖出巡活动。中央电视台、福建电视台、漳州电视台等多家媒体多次在这里拍摄专题片，如《施琅收复台湾》《海峡情思》等。多部电视剧也在此取景，如《八仙过海》《海峡的呼唤》《海望》《海之恋》等影视剧。亦有许多海内外游客到宫前湾和天后宫旅游观光。

位于泉州市鲤城区南门天后路 1 号的泉州天后宫，始建于南宋庆元二年（1196），是我国现存古代建筑中年代最为久远、规格最高、规模最大的祭祀海神妈祖的庙宇，素有“温陵神庙”之称，1988 年，被国务院公布为全国重点文物保护单位。传说北宋庆元二年（1196），泉州浯浦海潮庵僧觉全梦神命作宫，乃推里人徐世昌倡建。当时建的这座妈祖宫有三殿、山门、两廊、两亭。北宋宣和四年（1122），钦赐“顺济”，故而称顺济宫。南宋嘉定四年（1211），知州邹应龙于笋江下游建造石桥，因其离顺济宫较近而得名顺济桥。宋元时期，泉州与海外贸易往来的商船泊于岸边，首先看到的是顺济宫和顺济桥，因此“顺济”与“妈祖”也随之传扬四海，泉州天后宫也由此成为历史上妈祖信仰的又一重要的传播中心。1990 年 3 月，由台湾鹿港天后宫暨诸委员捐资重建山门。天后宫正殿有花岗石砌就的须弥座，束腰处雕有鲤鱼化龙、雄狮、文房四宝、八骏云火、仙家法器、鹤舞云中、宝盖莲花等精美图案。殿内木梁架构，立圆形花岗岩石柱，柱顶为浮雕仰莲珠斗，挑出斗拱承托梁架，作九架梁，门窗弯枋雀替，雕花精致细密，纹饰既有几何图案，又有花卉水族、鸟兽人物。托木位置有凤凰戏牡丹，寿梁中部作如意枋心，内作朱地，画“暗八仙”之一的钟离与如意相间图案，绿地雕彩有西番莲、喜鹊登梅和异兽图案（寓意益寿）。殿顶为九脊重檐四面落水的歇山式。正脊两端绘有五彩双龙戏珠，四岔脊头组合凤凰图案，呼应正脊为龙凤呈祥，背面画有人物故事，配以龙凤、麒麟、玄武、双虎，是吉祥如意和长寿的象征。寝殿设有翼亭、左右斋馆，系明代木结构建筑。殿前一对檐柱是十六面青石雕，原为元代石柱，上有联曰：“神功护海国，水德配乾坤。”正面悬挂明代书法家张瑞图所书“后德配天”。泉州天后宫有楹联“晋水溯源流，泉鹿人文同一脉；湄洲传灵迹，闽台香火并千秋”“温陵圣地，灵根连海甸；台府封疆，夙缘共天风”两副楹联均反映出闽台两地血脉相连的历史。另一副楹联“浯浦汇流门迎德济神名昭海甸志称凡琉暹爪满诸国节遣使臣频岁诣兹祭告，湄洲降世庙立温陵灵誉播闽台史载经宋元明清历朝号封天后千秋享此馨香”，既反映了历史上泉州港对外交流的繁盛情景，也追溯了闽台两地自古至今悠久的往来历史。

三、传播大爱，劝人从善

福州船政天后宫建在福州马尾船政文化公园内的婴脰山上，可远眺闽江。天后宫坐北向南，为混凝土结构，飞檐翘角，雄伟壮观。天后宫中有楹联“国富都由施善政，中虚乃得受嘉言”，“蓬山迎朝晖船政百年传薪火，马江昭法影圣道四海布安澜”。天后宫前面是个小广场，两旁树木、花草郁郁葱葱，是游人纳凉休闲的好地方。沿着台阶直下，可见一座典雅的门亭建在路中。亭内横额是赵玉林书写的“神昭海表”。

漳州龙海区角美镇埔尾村的埔尾妈祖庙，始建于明弘治十五年（1502）。进士林魁金榜题名，倡议建“一堂并六庙”。姓家族献地，乡民捐资而创建，名崇德堂。清道光十八年（1838）由台北板桥林氏家族林平侯出资重建为妈祖庙。林平侯为角美埔尾人，曾被清政府委派为广西柳州府正堂，后辞官回台湾兴修水利、兴书院，组织闽南移民开发台湾宜兰地区，垦殖致富后，回乡重建妈祖庙。该庙坐北朝南，神龛上悬挂有清道光十八年（1838）所书“广大圆满”木匾。神龛楹联“湄岛慈航功不朽，池塘春草名犹新”。庙中有不少楹联，如“汝非良善休来谒，我有权衡可叶天”，“佛无偏积善则福淫则祸，神本正直顺者吉逆者凶”。庙大门匾“埔尾妈祖庙”，楹联“汝念果虔方许梦香拜祝，彼心若昧无庸叩首禳求”。楹联从不同角度、多个层面体现了中国的和文化、“福”文化和吉祥文化等。每年农历三月二十三日，台湾乡亲都要回祖地埔尾妈祖庙进香朝拜。埔尾村也会组织举办各种活动：到湄洲妈祖祖庙进香、组织芗剧演出、妈祖巡游活动等，热闹非凡。

以木结构为主的框架体系是中国传统宫庙古建筑营造技艺的特征，并在木作中融合雕刻与绘画艺术。古建木作使用杉木、楠木、樟木等大型木材，工匠将木材制作成支柱、大梁等关键部件，依靠榫卯、斗拱结构连接，体现了古人几千年来在生产生活中的智慧结晶。宫庙古建筑是中华传统文化的重要载体，承载了数代人历久弥新的历史记忆。

平海天后宫俗称“娘妈宫”，位于莆田秀屿区平海镇平海村东至自然村。平海天后宫保持宋代建筑风格，为全国重点文物保护单位。宫庙造型飞檐翘角、雕梁画栋、联板匾额、鎏金烫彩，典雅古朴。宫庙分三殿、两厢，并由一条回廊将其串联起来，浑然一体。平海天后宫是用108根大杉木柱支顶承拉的纯土木结构古建筑，俗称“百柱宫”。

天后宫殿前左侧有一井，状若石龟，八卦为背，石碑为尾。碑上刻有两个遒劲大字——“师泉”。这一古老石刻，是清政府收复台湾、统一祖国的历史见证。龟背中央是井口，井约十米深，由108块石条砌筑而成。此井水深一米上下，井水泡茶甘而微咸，且无论涝旱，不盈不竭，四季如一。

在天后宫内巍然屹立着一块石碑。此碑为此井而立，题为“师泉井记”。作者系清朝平台名将施琅，碑文字迹依稀可见。相传清康熙二十一年（1682）十月，福建水师提督施琅奉命驻师平海，此处遍地盐卤，仅妈祖庙前一口浅井，井水枯竭，大军面临绝水。于是施琅将军祷于神，妈祖显圣，井水清泉涌溢，取用不绝。因为井泉济师，施琅亲笔勒石“师泉”碑记。

福州罗源县中房镇乾溪村的陈太尉宫，始建于五代后梁开平三年（909），后又经多次重修、扩建，是一座融合宋明清三朝建筑特色于一体的古代建筑，占地面积1100多平方米。2001年6月，被国务院公布为第五批全国重点文物保护单位。

陈太尉宫建造者为原籍河南光州固始县的陈苏，他生于唐大和五年（831），自幼勤学好问，颇有才华，后考中进士，随闽王王审知入闽。唐末，为躲避战乱，他举家南迁至罗源中房曹湾，成为罗源陈氏开基始祖。他竭力传播中原地区的先进农业生产技术，提倡敬老、尊贤、爱幼，运用自己所学中医医术为乡人治病。陈苏去世后，入祠奉祀，称“高行先生祠”。南宋嘉定二年（1209），陈苏被敕封为“英惠侯王”，嘉熙三年（1239），加封“显祐嘉应侯王”，建造宫殿于祠前，称大宫。同年，陈苏十五世孙陈庆因抗金战死沙场，被封为“都统伏魔太尉”，配享于宫，并予以扩建，改名“陈太尉宫”。陈太尉宫曾多次扩建，现存宗祠、正殿、左配殿、右配殿和前殿等建筑，为五代、南宋、明代和清代的遗存。正殿建筑斗拱硕大，古朴大方，展现了宋代的建筑风格。华表大门外有清咸丰六年（1856）石刻对联“祖殿重修，永镇河川崇祀典；虬松倒插，长标丰里显威灵”。

文化是建筑的灵魂，宫庙建筑具有稳重、典雅、均衡的空间美学风格，也孕育了遵规守矩、长幼有序、追求和谐的文化性格。“福”文化源自中国的民俗文化，它的涵盖面非常广，伴随中华民族几千年历史文明的变迁与发展，渗透到生活的方方面面中。宫庙建筑饱含着先人的智慧与情感，展现了深厚的历史积淀和文化底蕴，寄托了人们对美好生活的期盼和向往。“福”文化在传承延续中，早已潜移默化，塑造着人们的价值理念，成为砥砺前行的动力。

第二节　宫庙建筑格局装饰中蕴含的“福”文化

民间信俗历史源远流长。历代封建政府通过赐封神明、提高神格的方式，将部分神明纳入国家祭祀体系之中，这成为开展信俗活动，确立国家权威的重要手段。20 世纪 80 年代后，鉴于民间信俗活动在促进民间交流、铸牢中华民族共同体意识等方面所发挥的积极作用，民间信俗活动逐渐被作为地方特色传统文化的一部分加以弘扬，融入了“福”文化的时代意涵。

一、宫庙建筑布置的“福”文化意涵

民间信俗文化内涵丰富，绵延千年，长盛不衰，宫观寺庙雕像主要以泥塑、木雕、铜制为主。宫庙建筑大多为二进式的四合院，小部分为三进式。基本布局由山门—正殿—后殿—配殿—檐廊构

成，有些宫观寺庙还设有牌楼、广场、配房、梳妆楼等。如奉祀保生大帝的漳州白礁慈济宫坐北朝南，自南至北依次为前殿、前天井、献台、正殿、后天井、两侧钟鼓楼、后殿。前殿为二层楼阁，单檐歇山顶，殿前六根青色花岗石蟠龙石柱。天井有上下双重石砌须弥座构成的献台，镌飞天及双狮戏球浮雕图案，献台上置一尊踞状石狮，台前有龙泉井一口。主殿奉祀保生大帝，右配祀东圣侯、太上老君、张圣君；左配祀西圣侯、三将军、先生公，两侧配祀三十六神将，正中神龛奉祀保生大帝父母神像。左侧神龛配祀观音、千手观音、善财龙女、韦陀护法、王公等；右侧次间配祀注生娘娘等诸神。每年农历正月十六，白礁慈济宫会举行一年一度的巡香活动。

西陂天后宫位于龙岩永定区高陂镇西陂村，始建于明嘉靖二十一年（1542），到清康熙元年（1662）塔殿全面竣工。清乾隆二十五年（1760）进行了第一次大规模维修并扩建了大宝殿及两侧厢房，兴建戏台，改建宫门门楼，成为现在的形制，故有“西陂天后宫，七代人马建成功”的民谚。大门两边对联“宫坐南离日永鬯和二卣，门朝北极风熏琴奏五弦”“向四海显神通千秋不朽，历数朝受封典万古流芳”。一层正殿厅前柱对联“忠信涉波涛周历玉洲瑶岛，神明昭日月指挥水伯天吴”，上方高悬匾额“德孚广济”，系乾隆皇帝御赐给妈祖的联句。二层舞台口木柱楹联“一派是西河潺潺声杂管弦曲，七层朝北斗叠叠影随文武班”，横批为“和声鸣盛”。大宝殿位于该宫的中心，正对宫大门、戏台，是重大节日祭祀的场所，也是观众席。殿口联概括了西陂天后宫全貌：“杰构倚层霄凤舞龙飞八面窗棂烟雨外，晴岚收四野溪声树色千家楼阁画图中。”屋檐下悬挂的横匾上书“圜海澄天”。主殿供奉妈祖神像，二至四层分别奉祀关圣帝君、文昌帝君、魁星尊神，五层奉祀仓颉先师木主牌。[1] 塔后设孔庙和登云馆。该宫七层宝塔从下至上依次收分，四层以上转为八角形，以《易经》中的八卦格局建造。除了七层宝塔供奉诸神之外，塔前有迎神、赛会时供民众娱乐的戏台、酒楼，还有祭祀、看戏、饮酒等多功能的大宝殿，可谓功能齐全，充分体现了“以人为本”的古代哲学思想。

汀州天后宫坐落于龙岩长汀县城，在宫庙的布置上，汀州天后宫有许多反映“福”文化的楹联、匾额。如山门联：“圣德配天海国慈舟并济，母仪称后桑榆俎豆重光。”“护国功勋垂万世，佑民德泽著千秋。”宫门联：“天妃神力海不扬波稳渡慈航登彼岸，圣母恩德民皆乐业遍传显迹降人间。”戏台联：“三寸舌说古谈今褒善贬恶，十方台演文摆武享神娱人。”鼓楼联：“鼓乐升平天有道，楼观鼎盛后护民。”钟楼联：“钟声悠韵扬显迹，楼宇辉煌沐祥光。”前殿联：“大悲大愿垂救三千世界，救苦救难保全亿万生民。”“国省郡州崇祀典，士农工贾赖全恩。”正殿联：“万顷波恬赓普渡，一帆风顺报平安。”“灵身现于湄岛，德泽施于汀州。”“四海显灵应千秋不朽，历朝受褒封万古流芳。”后殿联：“炎宋兴祀传承千余载，环球世界远播数百春。”

湄洲妈祖祖庙位于莆田湄洲岛，董事会成立后，修建了寝殿、正殿、钟鼓楼、朝天阁、升天楼、圣旨门、升天亭、山门、圣父母祠、梳妆楼、妈祖石雕像、观音殿、佛殿、中军殿、五帝庙、龙凤亭、头道大牌坊、两廊、戏台、香客山庄、爱乡亭、观日亭、妈祖纪念馆、餐厅、办公楼等。在重新修缮扩建后的湄洲祖庙中，随处可见饱含着“福”文化色彩的楹联，如宣扬无私大爱的“四海昭彰万里恩波馨懿德，五洲显曜千秋胜地沐明霞”；“历千年更替载誉安澜四海，巡万里波涛施仁播爱五洲”；征兆吉祥如意的“天降神女息浪安澜慈心千古呈瑞象，地应信众民虔至诚香烟万里化祥云”；

---

① 杨文健、吴周耕：《闽台妈祖宫庙大观》，中国姓氏文化出版社，2016年，第389页。

"灵惠发祥尧天舜日丽佳气，坤仪拜谒圣境仙乡溯祖源"；称颂两岸一家亲的"大爱无疆千年妈祖施天泽，悲心有愿两岸同胞庆海平"；"商旅平安闽台和衷共济，春秋报赛群众朝圣联欢"；"法曲献仙音九域讴歌万方鼓舞，海潮扬圣迹千年顺济两峡和平"；庇护海疆安澜的"千祀雍熙崇古庙，五洲顺济利慈航"；"德配坤维四海鲸波永息，恩盈震旦五洲峨殿常新"；"率性仁慈恩洽五洲皆乐土，志行济渡力扶四海总安澜"；福泽后世的"天恩万载慈曦永，后泽群生福荫长"；"是普陀大士化身大慈大悲救苦救难，于湄屿古峰显迹顺风顺济利国利民"。

在"福"文化传承中，位于莆田市荔城区文献路的文峰宫也是一个典型代表。文峰宫的前身是宋代白湖顺济庙，元代地方官员将白湖顺济庙迁入城内，文峰宫建成于元至正十四年（1354），是兴化地方郡县县官春秋祭祀的官庙。该庙在清乾隆、嘉庆年间和民国时期数次扩建。在文峰天后宫董事会推动下，"三代祠"和"梳妆楼"于1993年被莆田市人民政府列为第三批市级文物保护单位。自2004年起，在每年三月二十三日妈祖诞辰和九月初九升天纪念日举行春祭和秋祭仪式。2009年文峰天后宫"妈祖信俗"被列入第一批福建省非物质文化遗产名录扩展项目，文峰宫"三代祠"和"梳妆楼"也被列为福建省文物保护单位。2010年文峰宫正殿在步行街落成，来自我国台湾、香港、广东、山东和海外马来西亚、印度尼西亚等地的80多个妈祖宫庙代表参加了开光庆典。如今文峰宫拥有妈祖信俗省级非物质文化遗产和妈祖诵经、妈祖供品、妈祖元宵烛山等市级非物质文化遗产。殿中的许多楹联反映了民众崇祀祈福的愿景。有表达妈祖荫庇恩泽百姓，如"海国济人多功同良相，慈航余荫远泽及斯民"；有反映妈祖护航靖波，如"文云护海百姓咸沾德雨，峰月行天千秋同仰慈辉"；有寄寓海峡两岸和平顺遂，如"天阙文峰连两岸，后恩福海泽全球"；"千年香火光照文峰地，两岸桥梁神昭海表天"。走廊上有距今六百六十多年的元代石柱，两通二百多年的石刻碑记。这里不仅是元明清三代朝廷官府祭拜妈祖的主要庙宇，也是千年来，蕴含“福”文化的民间文化传播基地之一。

二、宫庙壁画饱含美好愿景

宫庙内壁画及装饰的题材来源多为仙、佛传说故事。以寺庙宫观所供奉的神佛生平事迹和传说故事为题材，借助宗教形象及事迹对民众产生潜移默化的影响，劝导世人行善、孝顺、诚心向佛。如莆田瑞云祠中有24幅观音传说故事壁画，描绘了观音从出生到出家后历经磨难，积德行善的故事。此外还有三一教主林龙江的传说故事图、十殿阎王图。壁画多宣传朴素的行善思想，祈祷平安顺遂，告诫世人应当扬善惩恶。

在宫庙壁画中，亦有以《西游记》《杨家将》为题材的壁画。师傅们还将戏曲的情节元素提炼出来，使之成为闽台宫庙壁画的重要内容之一。例如将宫庙壁画与梨园戏所祀之神田公元帅相结合。二十四孝图、岳母刺字、杨家将抗金、苏武牧羊等也是闽台宫庙壁画的重要题材之一，宣扬传统伦理道德。这些故事简洁明了、通俗易懂。祥瑞图也是壁画中的重要内容之一，随处可见以祥禽瑞兽为象征的寄托民众美好愿望的作品，如鹤象征着“松鹤延年”，也有如麒麟、龙、虎等，均有不同的象征。

在宫庙壁画中还有成双成群的神佛形象，如“十八罗汉”“四大天王”等。“四大天王”有守卫安宁、恩泽四方的职能，亦有“风调雨顺”的含义。而“杨五郎游神图”等宗教仪式图表达的迎神赛会主题也是“福”文化的重要体现。在北辰宫里有两幅请香图，反映了民众不远千里长途跋涉前往武当山玄天上帝庙朝圣。宫庙壁画在构图上讲究对称关系，一般宫庙壁画中东墙画普贤菩萨，西墙画文殊菩萨；东墙画“苏武牧羊”，西墙则是“精忠报国”。宫庙壁画中的人物画有人物、道士、侍女等，具有极强的教化意义，体现了“成教化、助人伦”的思想。

台湾宫庙壁画沿袭了福建宫庙壁画的风格。历史故事的壁画图有“渭水聘贤”“木兰代父从军”“武侯奉表”“朱仙镇”“甘露寺”“竹林七贤”“东坡玩砚”“云林洗桐”等。祥瑞图有“麻姑献瑞”、“郭子仪拜寿”“瑶池群仙聚会”“玉堂富贵”“喜鹊迎春”等。神仙圣佛题材的有“玄天上帝收龟蛇”“神农大帝炼丹”等；民间传说故事有“七夕牛女渡河”“白蛇法海水斗”“云中子进木剑”等人们耳熟能详的故事。

三、宫庙装饰中“福”文化的传承

台湾宫庙装饰艺术有石雕、木雕、交趾陶、剪粘、砖刻等，旨在追求美观、祈盼吉祥、镇压妖邪、教化人心、彰显富贵。其题材多出自古代文学典籍、历史故事、章回小说、神话传说、民间传奇等。如宣扬忠孝节义的哭秦庭、岳母刺字、伯俞泣杖、杨震却金等。台湾宫庙中有多种形式的二十四孝图，诸如扼虎救父、哭竹生笋、卧冰求鲤、弃官寻母、戏彩娱亲等。有一些装饰体现了对人才的重视，如尧聘舜、渭水聘贤、三顾茅庐等。宫庙中有以古人喜爱的牡丹、莲花、菊花、梅花组成“四爱”的主题，寓意人们的志趣和追求。台湾宫庙建筑装饰多以渔、樵、耕、读为主题表达对田园生活的追求和淡泊的人生境界的向往。有以桃园结义、三娘教子、太白醉酒、辕门斩子、郭子仪拜寿等脍炙人口的故事为主题，倡导从善如流，追求卓越。

台南三山国王庙的屋脊上，以公鸡打鸣寓意功名，以菊花为“举”的谐音。宫庙建筑装饰中还往往以花瓶中的茶花、荷花、菊花、梅花分别代表“春、夏、秋、冬”，寓意四季平安。蝙蝠的形象则寓意“赐福”。喜鹊登梅、喜上眉梢、长命百岁等各种美好的祝愿都体现在建筑装饰之中。

第三节 宫庙建筑民俗活动中的“福”传递

一、宫庙中祭祀神祇的民俗活动

闽台同根同源，以台湾宫庙为例，台湾人多是福建移民后代，习俗信仰与福建类似。台湾民间信仰的神祇，主神有玉皇大帝，司法神为城隍爷。读书人祭祀文昌帝君、五文昌帝君、孔子；医生祭祀保生大帝及华佗仙师；药商祭祀神农；农家及米商祭祀五谷先帝；航海者祭祀天上圣母、水仙尊王。“台民素性佞佛，如八枝兰、拜接堡、龙潭等处，香火犹盛。”① 消灾解厄与祈求福祉是台湾民众日常生活的一部分。

在 19 世纪，西方传教士马偕记载了台湾民众祭祀保生大帝的场景：人们在一个高坡上搭起草屋并放置神像，将猪、鸡、鸭、饭、鱼、蛋、茶和米酒等供奉在神前，并有道士念咒文、鞠躬、念经，求神祝福与享用所供奉的祭品。人们点烧焚香，焚烧冥纸，忙着准备祭神的盛筵。两百头猪作为祭品被整齐地排放着，每只猪都披着布，口咬橘子，背插大刀，重量从五十磅到四百磅不等。有四千多名男人、女人和小孩在那里，家家都摆上祭品以期得到神明的庇佑。到了傍晚，人们围着火炬跳舞唱戏，给草屋里那个樟木造的神最大的敬意。

汀州天后宫的妈祖信俗活动拥有广泛的民间基础，有自成体系的祭祀仪式和民俗活动。长汀将“十番”、汀州鼓吹、长锣鼓、踩马灯、踩船灯、舞龙灯、打花鼓、九连环、茶灯、舞狮、台阁、花灯等民俗技艺融入妈祖庙会庆典之中。自 1999 年起，从台湾地区引入光明灯。上灯者将全名书于灯上，祈愿合家安康，心想事成。

① （清）唐赞衮：《台阳见闻录》卷下。

每年正月十五，汀州天后宫举行上灯仪式。[①] 妈祖圣诞、升天日、回宫纪念日等祭祀活动，以及除夕守岁及正月初一拜年、正月初八妈祖庙会、正月十五元宵上灯、“福慧莲社”等习俗都得以保存。2014 年，汀州天后宫创办了“汀州天后宫文艺宣传队”，成为闽西地区第一支天后宫文艺宣传队。在自编自演的文艺节目中，既有歌颂妈祖精神的节目，也有宣传城市精神文明建设、打击涉麻、涉毒以及禁止赌博节目。既有长汀民间传统艺术，也有现代歌舞表演。[②] 汀州天后宫逐渐成为长汀乃至闽西地区妈祖信俗活动的中心。

每年农历三月二十一至三月二十五日，汀州天后宫遵循祭祀、暖寿、摆素宴、唱戏等形式，举行为期五天的妈祖圣诞庆典活动。其中的“暖寿”仪式源于当地独特的风俗。在长汀至今还保留着民众 60、70、80 岁庆寿中“暖寿”的习俗，如某人某日做八十大寿，前一天由寿翁的朋友、至亲在生日的前一天自发为寿翁举行庆寿活动。寿诞前一晚设宴，子女、女婿、至亲至友前来祝贺，东家准备四盘六碗暖寿宴席。宴前，寿者手执拐杖坐于寿堂正中，受子女、孙女、女婿拜寿。拜寿者还得说几句贺寿的话，要用文雅的祝颂语，寿翁要给每人一份“挂颈”（即红包）。[③] 当地民众将传统的“暖寿”风俗寓于信俗活动中，以此表达崇敬之情。长汀妈祖敬仰者将妈祖称为“妈祖娭哩”，在长汀话中意为“妈祖母亲”，将妈祖神像称为“妈祖娭哩菩萨”（妈祖母亲菩萨），将去妈祖庙上香祭祀称为“去帮老娭哩烧香”（去给老母亲烧香）。长汀人相信，在妈祖

① 《本宫隆重举行丁亥年度光明灯上灯仪式》，汀州天后宫文物古迹修复协会编：《汀州天后宫修复简讯》第 41 期，2007 年 3 月 4 日第 2 版。

② 蓝宝珠：《中华妈祖志·长汀县卷》，中国文史出版社，2021 年，第498—499 页。

③ 蓝宝珠：《中华妈祖志·长汀县卷》，中国文史出版社，2021 年，第 275 页。

庙守岁，除旧迎新，能给人们带来新一年的好运。每年大年三十，天后宫管委会会安排好值班人员，准备好茶水，迎接守岁群众的到来。这些信俗活动反映了人们对妈祖的崇敬。

逢年过节，西陂林姓各家各户都要带着香烛、供品前往天后宫进香。每年农历三月二十三，在天后宫要举行祭祀仪式，祭品摆在十几张方桌上，共有上百盘碟。从前，妈祖圣诞日要选出一位端庄貌美、德才兼备的小姑娘为妈祖神像沐浴更衣，举行庄严的祭祀仪式。西陂天后宫殿堂大开六扇花格中门，殿堂内搁围屏，摆鲜花，摆放精致工艺品和各种供品。供品有实物供品和捏制供品两种。实物供品有全猪全羊、整鸡整鸭、水产海鲜、斋蔬果品等。捏制品用米粉蒸熟后捏制，过去用一种黏性适中、香味浓郁的“大禾米”为原料，后改用“科程米”代替，现在也有用糯米、面粉为原料的。捏成狮象虎豹、猪羊鸡鸭、蔬豆瓜果、鱼虾螺蚌等，足有上百盘碟，捏成后施以各种颜色，涂上花生油，栩栩如生。

20 世纪 50 年代以前，妈祖圣诞日前后为天后社日。理事从外地潮州、汕头、龙岩一带请来戏班，在天后宫演唱，称为“天后戏”，往往一连演上十几、二十几天。剧目有《三官堂》《四国齐》《五龙会》《忠孝全》《三缘配》《三代荣》《郭子仪上寿》等。群众在天后宫酒楼上轮番饮宴，观看演出，远近亲友都来西陂天后宫进香赴会。其中“同庚季”至今仍经久不衰，活动如常。“同庚季”由同年出生的男子组成，一年开展两次大型聚会，即妈祖圣诞日和妈祖羽化日（农历九月初九日）各一次。清晨同庚们带着香烛祭品到天后宫祭祀妈祖，晚上同庚们欢聚一堂，开怀畅饮，但饮宴不在天后宫内进行。

西陂村除天后宫安奉妈祖，供远近百姓祭祀外，不少民居中也安奉着天后雕像或神位供人祭祀，企盼妈祖庇佑。这些住宅中天后神龛或安置于大厅堂，或安置于侧厅，或安置于楼棚厅，或单独供奉妈祖神像，或在供奉妈祖外尚有其他神像神位，如土地尊神、杨公仙师、财王菩萨、观音大士等，但都将妈祖安奉在正中，这也体现了妈祖在西陂村民中的独特地位。家中安奉妈祖，人们不只在逢年过节时去天后宫朝拜，每逢初一、十五，甚至每天早晚，都可以在家中祭拜。

二、宫庙中的传统节庆活动

中元节是每年阴历七月十五日，佛教徒们为追荐祖先而举行的法会，来源于典故“目连救母”，是一个有解夏和救母双重含义的传统节日。早在南朝梁武帝时便已有“盂兰盆斋”。节日期间，除施斋供僧外，寺院还举行诵经法会、水陆道场、放焰口、放水灯等活动。这是中国人缅怀先辈祖先，普施恩惠，关爱弱者，追求社会和谐的节日。中元节时，台湾每个城镇都会在空旷的地方，用竹竿搭建五十至六十尺的架子，从上到下挂满成串要供给神明的食物，包括家禽、猪肉、鱼、糕饼、香蕉、菠萝及各种美食。同时场地四处都挂着数百个串成的鞭炮。同时，民众从附近各乡镇、市区涌向祭祀场。据西方传教士马偕在其回忆录中的记述，从前，台湾处处有庙宇，在树下、桥头边都可以看到神像，以供路过客人烧冥钱和掷杯筊。不少妇女对神特别虔诚。一般人心中虽认可神有神力，但通常是在遇到问题时才去庙里拜。有时他们会举行特别祭神的筵宴或公众献祭，来偿还对神的积愿。

相传妈祖为了救出迷失在海上的乡亲，将甘蔗砍下搭成灯塔，点燃指引乡亲们顺利返航。每年元宵，涵江人就用搭蔗塔的方式来纪念妈祖。需要选取新鲜且糖分高、质地硬的甘蔗，以保证搭建的过程中不易脱水变形。新鲜的甘蔗切成不同大小的蔗节，其中部分染成红色，以增加喜庆与美感。切好的蔗节在前后殿中间的天井处依灯塔八角形的形状层层垒砌，中间没有任何黏合剂和支撑物，所有的平衡都靠巧手和经验来维持。蔗塔从地面到天井共有360多层，需要整整三天方能封顶。塔身正面的“上元祈福”四个红字为元宵节平添了一份喜庆。人们在蔗塔前瞻仰、赞叹，向妈祖奉献上最虔诚的敬拜，也盼望生活像蔗塔一般步步高、节节甜。

每年正月的“尾暝”是文峰宫的一大特色。正月二十九日在文峰宫前为妈祖“尾暝”点烛山、点烛海，并举行文艺踩街活动，吸引大批市民前往观赏、祈福。妈祖三献礼、妈祖庙会、妈祖供品、妈祖进香、妈祖巡游，这些具有文峰宫地域人文特点的妈祖信俗，展示文峰宫在妈祖信俗中独特的文化地位。

明中叶以后，汀江成为永定与粤东沿海商贸往来的主要航道。尤其在明万历以后，永定广种烟草，每年由当地条丝烟加工作坊生产的数十万箱条丝烟通过航道运往国内长江以南大中城市和东南亚各国开设的烟行销售，被誉为“烟魁”。汀江的航运业因此更为活跃。清代西陂村境内烟厂林立，有“裕隆”“鼎隆”“公和祥”“益丰恒”“聚丰镇”“怡和成”等十几家烟厂。西陂条丝烟叶远销上海、杭州等地，运输方式多半通过水运，所以对天后妈祖更为崇敬。在条丝烟业兴旺发达的清代，西陂闹龙灯已经达到相当规模。西陂闹元宵以龙灯为主，其他尚有舞狮、十番、故事、竹马灯、鲤鱼灯、花篮灯、牌匾灯、鼓子灯等。因以龙灯为主，故又称“闹龙灯”。

每年西陂村民大闹元宵，别具风格。“灯”与“丰登”的“登”、“丁口”的“丁”谐音，故闹龙灯又可寄予祈求财源广进、五谷丰登、子孙满堂、人丁兴旺的愿望。一般按房分筹办，以楼堂为单位，一楼供一条龙灯，各房少则一两条，多则几条、十几条。龙灯用竹篾做骨架，外糊棉弹纸，再用红、绿、黄等颜料绘画，龙灯点上蜡烛，通体明亮。每条龙分龙头、龙中、龙尾三部分构成。龙头颜色丰富，龙眼要装上手电筒。龙角上系红绸布，传说可以镇妖避邪。龙头下巴处用彩色细长纸条贴成龙须，舞动龙头时，龙须飘动，更具神采。龙头有口衔龙珠的，也有不衔珠的。不衔珠的要另制一龙珠，由一人擎执挥舞，让龙头“抢珠”。龙中、龙尾以绿色绘龙鳞，以红色或黄色画云朵。龙鳞的绘画要工整有序。龙中多节，有七、九、十一、十三节甚至三十几节的。西陂培荆堂制作的龙以大以长取胜。因培荆堂在上海开有裕隆烟号，富甲一方，曾有过三十六节龙大闹裕隆的壮举，擎灯后生全穿皮子衣，还将皮毛朝外穿。龙灯前还有个两米多见方、厚40厘米的大红“帅”字灯。龙中有各自分开的，也有用彩纸条相互连接着的，舞动时浑然一体。近年也有购置布龙的，方便美观，但在晚上闹灯时，远不如传统纸龙明亮、流畅，既宜远眺，也宜近观。每条龙配以锣、鼓、铜钟、钹开道，汽灯两盏（过去用“火罩”，上点赤松片）照明，匾牌灯一个（写上房分、楼名），铳炮手数名，联络员数名，总称为“一棚”，闹灯闹得红火的时代，龙灯有三四十棚，舞狮队也有好几棚，同样配有锣鼓钟钹、汽灯及铳炮手、联络员。一棚狮有扮舞狮两人，扮猕狸一人，还有一批玩刀、枪、棍、钯头、勾刀、拳术的人马。舞狮有固定的程式，有故事情节，以狮抢到猕狸手中的“青”为高潮。

西陂闹龙灯从农历正月十四日晚开始，至十七日晚，连闹四个晚上。十四日晚仅部分房分闹，十六日晚为各房分自闹其所属楼堂。而十五、十七日两晚西陂林姓龙灯全体出动，十五日晚闹西河堂大宗祠，十七日晚闹天后宫。行进时有先后次序，有固定路线，连成一体，长达两里。当龙灯经过家门口时，主人要鸣放鞭炮，点燃烟花迎接，这时龙狮舞动不停。当龙灯队伍全部到达目的地后（十五日晚在大宗祠，十七日晚在天后宫），舞龙的舞龙，舞狮的舞狮，竹马灯、采茶灯等亦各占一方进行表演，同时场内鞭炮齐鸣，焰火争奇斗艳，异彩纷呈，十分壮观。

闹灯直闹到晚上十点、十一点，各条龙灯才陆续回堂，各楼堂接灯，又是一番鞭炮齐鸣、龙飞狮舞。楼内各家要备办酒席，宴请擎灯人员及老辈们。在闹大宗祠及天后宫时，都得搁围屏、摆鲜花、点香烛、供祭品。最有特色的是用黏性米粉、面粉蒸熟后捏制成逼真的飞禽走兽、蔬豆瓜果、鱼虾螺蚌等几十样供品，摆满了十几张八仙桌，行三献礼，念祭文，祭祀列祖列宗及天上圣母，仪式庄严而隆重。

三、宫庙中的地方性特色民俗活动

西陂天后宫最初先建“印星台”，又名“状元塔”。传说明朝嘉靖年间，西陂村林贲山的义子林大钦高中状元后回乡省亲，喜讯传来，合族欢欣鼓舞。林贲山率全族子侄浩浩荡荡出村迎接。此时正值立春，一为恭接春神，二为接子荣归。当时京城有立春日迎春牛习俗，西陂遂于次年立春日举行隆重的迎春盛典，此后便成为约定俗成的活动。西陂迎春活动，按民约只有立春日在农历正月初二至十二日方有举行，历四百余年不衰。随着时代的推移，活动项目逐渐增加，内容越来越丰富，程式日臻完善，规模越来越大。筹备工作从头年秋后便着手进行，组织领导这一活动的筹委会主任由各房族轮流执掌，家家户户须备足钱粮酒肉，各房族须积极排练节目。

立春日早晨，制作好的“春牛”便预先“牵”至羊角山排“放牧”，等待“亲官”来接。村内大宗祠内长辈们先祭拜祖先，然后连放三声震天号铳，宣告迎春活动开始。化妆“亲官”的要有一定功名的人，乘坐四人大轿，执事四人陪同，带着旌旗、喇叭、香案来到“春牛”边，举行郊祀神农典礼，“亲官”要割雄鸡、点香烛、读祭文、祭春神。司仪高呼：“风调雨顺，国泰民安，田禾大熟，五谷丰登”等吉语，“亲官”将犁插入田中后便起驾回程。与此同时，全村置办的锣鼓、彩旗、高灯、凉伞、功名牌匾等及各房族的锣鼓旗幛等队伍到村口前头岭迎接，随后队伍按一定秩序行进。前边是清道旗两面，接着便是“神马”一匹，“报马”一匹。“神马”背披红毡，由马夫牵引。“报马”谓报喜之马，上坐一小男孩，背插几面小红旗，手提红灯笼，上书“捷报春魁”四字。接着是“恭贺新春”、“迎春接福”及“肃静”“回避”大牌，再后是彩旗、高灯、凉伞和香案。香案上书“东方太皋青帝神位”。喇叭吹奏“朝天子”、“过江龙”曲调，后面是十番队、仪仗队、铳手。仪仗队有木雕拳头一对、手掌一对及刀、矛、剑、戟、斧、钺、锤等各种木制兵器，均由后生擎执。接着是功名牌匾，旧时考取功名的生员手托檀香炉紧跟其后。这时“亲官”乘轿上场，执事若干跟随，武官策马扬鞭上场，卫士若干跟随。后面是“百宝香亭子”“春花队”，再后是各房族的锣鼓旗幛、铁机、桌子戏、春秋架（秋千架）和逗人发笑的“故事队”。“香亭子”为小型亭阁状，内置金银珠宝、玉镯首饰、文物古玩等珍贵物品，两人扛抬，多人武装护卫。“春花队”由几十盆鲜花、瑞草、盆景组成。花盆上贴有红纸书写的诸如“梅开五福”“竹报三多”“山茶献瑞”“兰吐幽香”“钟灵毓秀”等吉语。每盆花草置一花架，花架用绣帷装饰，两人抬一架。铁机、桌子戏、春秋架上的演员均由小孩装扮。“故事队”装扮的故事情节五花八门，包含犁田耙田、播种耕耘、施肥灌溉、提茶送饭、收割晒场、风谷进仓等等。戏曲故事有唐僧取经、姜公钓鱼、魁星点斗、庄子扇坟、三娘教子、祢衡骂曹、蓝继子探监、郭子仪上寿等。扮演者施朱抹粉，拿着各种夸张的道具，用幽默风趣的语言逗引观众发笑。“故事队”过后，“春牛”徐徐推来。牛角披红挂彩，牛肚下挂有钱袋，内装铜钱、银币，还有百十枚绣花针与之混装，牛背上坐着一个男孩饰牧童。“春牛”由数位村民推着前进，一路铳炮连天。

迎春队伍从前头岭开始，过雷公坝，经横圳下、学书屋下至石岩前，再过溪边桥，进入大宗祠，而后前往礁头角、贲山公旧居，出大弄巷，到圳口头，再沿街子路直下天后宫，到下寨坪、神坛下、章汉公门口，上秧地排，至亚宗祠，回至马鞍陂学堂前。这时“抢春牛”即将开始。“春牛”被推下湖洋烂泥田中，群众以能多得到一点“春牛”身上的东西为荣。人们将抢得的东西挂在猪寮或牛栏中，相信当年便能三阳开泰、四季平安、五谷丰登、六畜兴旺。迎春活动至下午四点方才结束。

旧时，迎春这一日，远亲近邻都来看热闹，把西陂村里里外外挤得水泄不通。西陂村民每户得招待多批次亲友的午餐，前客走，后客至。饭菜粉面都在前天晚上煮好，用大水缸盛着备用。富裕人家还得杀猪宰牛，就连附近的村庄也要款待来西陂观看迎牛活动的亲朋好友。[①]

四、宫庙里的书香传承

西陂天后宫是村落的公共活动中心，在传统上也是当地的教育中心，从前有私塾，也用于接待宾客。明万历癸酉年（1573）文塔落成，嗣后引入妈祖供奉，于是建护塔房舍、塔前大殿堂，塔后建供学子读书会文的登云馆。登云馆取“登科及第、平步青云”之意，是学子求取功名及文人墨客会文作赋之处。馆内设孔子牌位、雕像，孩童启蒙上学时，须先到孔子像前拜孔子，行尊师礼，然后斟杯糖茶敬恩师。登云馆两旁天井，一边栽翠柏，一边植丹桂，均有上百年树龄。在登云馆植柏树，有祈盼读书高中，职任高官之意。丹桂于秋季开放，正是收获季节，又逢科举秋闱之季，切“登科及第、蟾宫折桂”之景。登云馆大门联为“出户须知由大道，入门还想上层楼”。登云馆东侧有门，其门联“观澜知有术，破浪快乘风”，横额“遥望东山”，暗合孔子聚徒讲学于东山之上，有“文章礼乐教衍东山”之意，鼓励后人早日成才。祖堂孔子画像两旁楹联“设庠序杏堂名蜚百代，供桑梓教垂功在千秋”，横批“万世宗师”。随着人口发展，在不少大楼堂内，如培荆堂、三宜堂、慎德堂、胜宝堂、崇礼堂、白沙坑邱氏万兴堂、笃庆堂等处都设立过各房各支的私塾。西陂林氏出了许多举人、贡生、庠生、监生。清末废科举后，于宣统元年（1909）在登云馆创办西陂文伦小学。[②] 因社会动荡，文伦小学时办时停，于是具有类似小学性质如三宜堂办的私塾填补空白。20 世纪 30 年代初，根据永定县文委会的要求，全县设立列宁师范一所，各区设立高级列宁或劳动小学一所，各乡设立初级小学及平民补习夜校一所，城市墟场设立小学及工人补习

---

① 龙岩市高陂镇西陂村两委、西陂天后宫文物管理委员会：《西陂记忆》，2010 年，第 13—16 页。

② 徐元龙：《永定县志（民国）》，厦门大学出版社，2015 年，第 341 页。

学校若干所，对适龄儿童，规定凡 6 岁至 11 岁的儿童必须受小学教育。[①] 因此，太平区苏维埃政府在天后宫登云馆创办太平区高级劳动学校。采用施松林、涂觉凡、苏庆云等编写的《平民课本》《群众课本》等，课程设有国语、算术、体育、音乐、常识、形工（即绘画、折纸、雕塑等）、政治、军事、地理、社会进化史、共产主义浅说、生理卫生等。[②] 抗战时期，设在天后宫的小学因得到胡文虎兄弟的捐助，也曾挂过“西坡虎豹小学”的招牌。永定县接管后更名为西陂国民小学，之后又先后设过太平里劳动小学、圣阄乡中心小学、西陂小学等。[③] 20 世纪 50 年代至 60 年代初，西陂办起业余夜校，学员男女均有，老少不拘，开展扫盲运动。20 世纪 50 年代初的夜校使用自编油印识字课本，如“一二三四五六七，穷人辛苦难过日，七六五四三二一，解放军来过好日”，“正月冻死牛，二月冻死马，三月冻死耕田者。耕田者，不怕冻，只怕贪懒不耕种”。课文浅显通俗，朗朗上口，旨在提高农民文化水平。当时还出现过半日制的耕读班，学员多为失学的小女孩。[④]

五、新时代的宫庙与“福”文化传承

在新时代里，汀州天后宫不仅是文物单位，也是人们举行信俗活动的场所，还是长汀县热点旅游目的地。据报道，为募集资金保护修复天后宫，有些妇女自带礼物，自购车票，下乡和外出找亲朋好友进行募捐。自 2006 年汀州天后宫妈祖爱心救助会成立后，以

---

① 陈仙海：《西陂人民革命史》，中共龙岩市高陂镇委员会、龙岩市高陂镇人民政府编，1993 年，第 36 页。

② 陈仙海：《西陂人民革命史》，中共龙岩市高陂镇委员会、龙岩市高陂镇人民政府编，1993 年，第 37 页。

③ 龙岩市高陂镇西陂村两委、西陂天后宫文物管理委员会：《西陂古村落神韵》，2016 年，第 9 页

④ 龙岩市高陂镇西陂村两委、西陂天后宫文物管理委员会：《西陂记忆》，2010 年，第 36 页。

赈灾、救难、助残、济困为目标开展妈祖爱心救助活动。如遇特大灾难，需要大笔救助的经费，由汀州天后宫文物古迹修复协会拨补部分经费。救助会成员从几十人发展到几百人，会员不仅有天后宫的会员、理事，还有广大的干部、居民群众。不仅有个人参加，还带动全家人参加。为配合禁毒工作，在汀州天后宫内每逢初一、十五都把禁毒宣传单散发给进宫上香的民众。天后宫文艺队还编写了《禁毒三句半》和有关禁毒小品、歌剧，在乡下高山的寺庙里，在城区繁华热闹处巡回演出，受到好评。[①] 汀州天后宫以与时俱进、民众喜闻乐见的民俗形式带动了良好的风尚。

每年从三月二十一日开始，长汀当地群众会携带寿桃、寿面、三牲、香烛等供品前往天后宫致祭。这些米饭、面条等物品会在当天作为“流水席”的食品，大米、面干、米粉、食油等便于贮藏的供品，则由汀州天后宫管委会登记收集，留待日后出售给百姓，所收入的钱款作为维修款使用。[②] 来参加祭祀活动的，每人只要交 10 元香烛钱作为庙会的开支，就可以在天后宫参加素宴，据说捐款者多在千人以上。从三月二十一至二十三日，天后宫的宴会厅都要举办数十张桌的素宴，可以同时容纳数百人参加宴席。[③] 与此同时，庙内戏台上连续三天上演大戏。生意人会主动捐钱请戏班演戏，上演的大都是汉剧或越剧。每月的初一、十五都有念经组在庙里念“妈祖经”，中午集体会餐。每月初九是“福慧联社”活动日，上香、念经之后中午集体吃素餐。如今天后宫的活动井然有序，传播着“福”文化的精神内涵。在民间信俗活动中，许多宫庙的传说故

---

① 《汀州天后宫的禁毒宣传》，汀州天后宫文物古迹修复协会、管理理事会编：《汀州天后宫简讯》，2016 年 8 月 1 日，第 78 期

② 蓝宝珠：《中华妈祖志・长汀县卷》，中国文史出版社，2021 年，第 274 页。

③ 蓝宝珠：《中华妈祖志・长汀县卷》，中国文史出版社，2021 年，第 275 页。

事、历史沿革得以被挖掘传扬，在宣传保护历史文化古迹的同时，传统文化正在发挥潜移默化的影响，传递着正能量。在宫庙建筑中开展的形式多样、丰富多彩的民间信俗活动成为“福”文化传播的重要载体。

在四百余年里，西陂天后宫所传承的妈祖信俗文化与崇文重教的传统在不同的历史时期引领着西陂社会发展的方向。在天后宫的发展变迁中，既有普通群众的自发行为，也有当地士绅的积极参与。进入近现代以来，政府在社会治理方面的角色日益凸显，这也对西陂天后宫及当地妈祖信俗活动的传承发展产生了极大影响。在乡村振兴中，西陂天后宫逐渐褪去了单纯的民间信仰色彩，其所蕴含的民俗文化正与西陂独特的红色文化资源相融合，在探寻特色文化发展路径的同时，西陂天后宫被打造为重要的旅游景点，成为促进农民增收，实现共同富裕的重要抓手。今天，当地正通过成立公司，让村民入股的方式激发群众的创造力，增强村民的获得感。传统文化的创新与发展需要多主体的参与，西陂天后宫正以新的形象寻求发展与突破。

第四节　新时代闽台宫庙建筑中“福”文化的创新与传承

中华文化是我们提高国家文化软实力的深厚源泉。“福”文化在弘扬中华优秀传统文化、契合人民群众对美好生活的向往、助力经济社会文化协调发展上具有独特的价值。

众多宫庙楹联中积淀着丰厚的“福”文化基因。迎福、接福、纳福、惜福等都是最为常见且最为人所喜爱的表现主题。楹联是“福”文化的重要载体和艺术表现形式。今天，在推进“福”文化创造性转化、创新性发展过程中，我们需要与创意产业相结合。创意产业如今已经成为文化产业中最具想象力和创造性的新兴产业，让文化在根脉上同频共振，在艺术呈现上相得益彰。要选择具有中国特色的视角，表达对大众的美好祝福。新时代的幸福追求既具有中国传统文化色彩，也蕴含着当代的愿景。如今，众多的宫庙已被开发为旅游景区，其传统的信俗色彩正在逐渐淡化，体现中国时代精神与发展理念的元素正在增强。当今世界，电子平台、数字技术方兴未艾，提供了广阔的创新空间和可能，传统“福”文化对接数字新平台具有巨大潜力和创新前景。

今天，人们用主流话语体系对民间信俗活动加以阐释，赋予其“福”文化内涵。在此过程中，政府、文化单位和普通民众、商业团队等相互交织，使民间信俗活动呈现出更加丰富的表现形态，宫庙建筑也被赋予了多样化的功能，增强了民间信俗的艺术性。国家权力深刻地塑造着民间信俗活动的开展，影响着民间信俗的嬗变。在具体表现上，宫庙建筑中开展的民间信俗活动往往有官方人员的参与，带着造福当地民众的祈盼。今天，圣墩顺济庙所在的莆田市涵江区白塘镇镇前村不仅组建富有特色的正月二十四尾暝元宵仪仗队，“抬棕轿”“赤脚踩踏炭火”“坐刀轿”“打铁球”等传统仪式也得以传承。2009 年 5 月，“涵江镇前打铁球”被列入第二批莆田市非物质文化遗产。每年正月二十四，村民在镇前大路天后宫欢庆“尾暝元宵”，举行盛大的“打铁球”活动，并请出妈祖等圣像，绕境巡安，赐福千家。通过这些活动，祈求出海捕鱼的渔民悬帆顺济，平安归来。近年来，随着木兰溪流域保护、生态文明建设进入新阶段，以实现经济社会可持续发展、实现人与自然和谐共生为目标，圣墩顺济妈祖庙董事会积极倡议，将圣墩妈祖文化融入莆田廿四景等自然景观概念。以河道水域为主线，连接景观湖景、白塘秋月、宁海初日等景点在内的木兰溪生态水利风景线，共同构筑宁海桥“宁海初日”文化公园，带动白塘镇“白塘秋月”“涵坝堤坝”等主题文化景观开发建设，构筑综合旅游区和农业观光区，开发妈祖文化景观片区为主题的旅游休闲产业，建设北洋河道生态水系，打造莆田特色的水利文化风景新名片。通过重塑妈祖信俗活动，采用企业的经营模式对妈祖文化活动加以管理，以一系列制度规范妈祖文化活动，越来越多的地方政府部门参与到妈祖文化产业的开发中来，构筑起妈祖信俗文化发展的新形态，传递着人们的美好愿景与“福”文化的正能量。

政府正在扶持打造一批集展示体验和市场推广于一体的线上线下文创基地，使之既成为“福”文化创新传播阵地，也是各地信俗文化展示交流的窗口。因此，我们应乘着新时代的东风，以宫庙楹联中传递出的“福”文化为抓手，推动传统信俗文化的创造性转化与创新性发展，使之成为助力福建经济社会文化协调发展的助推器。

第五章 闽台信俗中的致福观念

闽台民间有许多致福途径。这些途径，大体上可归纳为两方面，一为内修，一为外求。所谓内修，即修养自身品行。所谓外求，即正确处理作为个体的人与他人、与社会、与自然的关系，构建和谐人际关系和优良生存环境。

第一节　内修以致福

一、立德致福

立德，就是树立德业。《左传》言：“太上有立德，其次有立功，其次有立言，虽久不废，此之谓不朽。”这是中国古代哲人提出的“人生有三不朽”，立德占首位。“德”通常指的是人们共同生活及行为的准则、规范、品行和品质。在中国封建社会，立德必须遵守忠孝仁义慈善诚信友悌等伦理规范。在民间各种劝善书中，儒家至为重视的忠孝仁义等伦理规范被视为善行、功行，强调践行忠孝仁义不仅可以增福延年，还能消灾度厄。

中国乃是礼仪之邦，自古以来，对修身立德推崇备至。忠信孝悌致福的观念在闽台信俗中也随处可见。

在福州地区有一定影响的二徐真人信仰在明代时曾一度发展成

为一个独立的道派——灵济道派。历史上，灵济道派曾有两个道团组织，一是福州闽侯青圃灵济宫，一是北京洪恩灵济宫。明永乐年间灵济宫的道士编有《灵宝天尊说洪恩灵济真君妙经》一卷。该经有两种版本，一为明内府刻本，“梵夹本，每面五行，行十五字。首永乐十八年（1420）正月初一日明成祖《御制灵宝天尊说洪恩灵济真君妙经序》。次图像两面，即据《经》中所序‘灵宝天尊在大罗天上五明宫中……时有斗中、都水二使者，左执青节，右仗黄钺，侍立帝前’。及二仙‘下降人间……甲子一周，复还任职……锡号……九天金阙明道达德大仙显灵溥济清微洞玄冲虚妙感慈惠护国庇民洪恩真君江王、九天玉阙宣化扶教上仙昭灵博济高明弘静冲湛妙应仁惠辅国佑民洪恩真君饶王恭对圣慈’之像。《经》末为灵官像”。[①] 另一种为《道藏》本，有序无画。该经明代白云霁《道藏目录详注》卷二洞玄部本文类“人”字号有著录，白云霁解题云：“永乐十八年正月十一日颂，有御制灵济真君序文。”[②] 该书是当时风靡全国的劝善书之一，全书经文仅六百多个字，极力宣扬了忠孝仁义，宣称百善以忠孝仁义为先，说：“曰忠与孝，曰仁与义，四者修持，常居吉庆。”又说：“各以忠孝仁义而立身，内可以增福延年，外可以消灾度厄。上可以使祖弥之魂神超度，下可以使家宅之眷属安宁。”[③] 明代灵济道派的重要经籍之一——《徐仙真录》在介绍灵济道派之信仰源流、宫观、祠产、科仪的基础上，也在极力宣扬践行忠孝仁义的重要性，声称：

① 周绍良：《明内府刊本〈灵宝天尊说洪恩灵济真君妙经〉》，《文物》1987年第10期。

② （明）白云霁：《道藏目录详注》卷二，冯惠民、李万健等选编《明代书目题跋丛刊》（下），书目文献出版社，1994年，第1686页。

③ 《灵宝天尊说洪恩灵济真君妙经》，《道藏》第5册，文物出版社、天津古籍出版社、上海书店，1988年，第842—843页。

善信之士，果能洗涤忏悔，崇信三宝，尽忠尽孝，行仁行义，弘发誓愿，受持讽诵，则身家吉庆，命运亨通，子孙蕃衍，消灾度厄，增福延寿，延及九祖，咸获超跻。苟或訾毁轻慢，凌忽三宝，不忠不孝，不仁不义，不能敬信奉持，则身罹恶业，门户衰替，子孙微弱，寿年夭促，累及九祖，永堕沦冥。历观已往，具有明征。於乎，吉凶善恶，皆由心造。为善获福，为恶受殃，此自然之理。故曰：积善之家必有余庆，积不善之家必有余殃。又曰：惟上帝不常，作善降之百祥，作不善降之百殃。①

闽侯青圃灵济宫

创立于明代中期，至今仍在闽台地区流传的民间宗教三一教（又称“夏教”“三教”）也强调吉凶祸福取决于是否遵循儒家的纲

① （明）方文照：《徐仙真录》卷一《御制灵宝天尊说洪恩灵济真君妙经序》，《道藏》第35册，文物出版社、天津古籍出版社、上海书店，1988年，第525页。

常伦理，认为人如果违背了纲常伦理，那么必然导致阴阳失调，灾祸必然降临。相反，如果遵行伦理纲常，福气、福运自然会到来。三一教主林兆恩在《林子三教正宗统论》中说得非常明白："故循之三纲而行之，未有不吉者；逆三纲而行之，未有不凶者。由是观之，吉凶无常，亦惟有三纲之循逆，而非他也，故以三纲名卦。"

这种忠信孝悌致福的思想，在《关圣帝君灵签》中也可见一斑，如《关圣帝君灵签》第三首称："但能孝悌有忠信，福禄来时祸不侵。"第六十七首："愿子该图从孝悌，不愁家室不相宜。"[①]

妈祖在闽台地区拥有深刻社会影响力，被民众视为至孝的典范，《天妃显圣录》中记载的"机上救亲"、"访海寻亲"等故事都形象生动地体现了儒家"善事父母曰孝，敬弟与兄曰悌"的孝悌精神。清嘉庆年间，莆田进士陈池养更是将妈祖生平事迹及传说故事编成《孝女事实》，直接冠以妈祖"孝女"的称号。1928 年，国民政府内政部颁发了《神祠存废标准》，妈祖庙被列入"淫祠"名单。1929 年，国民政府下令拆除妈祖庙。当时，以林春声为首的莆田九牧林氏族人以妈祖生前救父寻兄、仁义至孝为由，向地方政府提出了保护妈祖庙的请求，并请转呈中央政府加以决断。时任国务院秘书兼参议的清末举人施景琛也以妈祖生前至孝为由，要求保存妈祖庙，他在《鹿港林孝女祠记》中载道："民国十八年，内政部颁发《神祠存废标准》，凡合于先哲则保存之，近于淫祠则撤废之。举国妈祖庙援引事实，吁请保存，均以不合保存条例驳斥。适余藏有道光间杨雪沧先生所著《湄洲志》，内载兴化陈池养太史《林孝女传》一篇，余据以上闻。省府转内政部核办，蒙准符合保存先哲条例，通令保存，惟应改为林孝女祠等语。"[②] 主管此事的福建省民政厅接到请求后，广泛查阅了地方志和林氏族谱等文献资料，确

① 林国平：《签占与中国社会文化》，人民出版社，2014 年，第 597 页。

② 施景琛：《鹿港林孝女祠记》。转引自蔡天新：《莆田海上丝绸之路》，厦门大学出版社，2021 年，第 550 页。

认了妈祖生前的孝女身份及其行孝事迹，批准了林氏等人保存妈祖庙的请求，惟令将“天后宫”改为“林孝女祠”。这样，全国各地的妈祖庙才得以保存下来。除此之外，妈祖化草救商、挂席泛槎、祷雨济民、焚屋引航、灵符回生等传说故事也都体现了妈祖至仁至爱、舍己救人、大爱奉献的道德品质。即使是对千里眼、顺风耳、高里鬼、晏公等这些曾经兴风作浪、为害一方的妖怪，妈祖也是坚持慈悲为怀，以德服之，最后收为己用。凡此种种，都是民众对忠孝仁义、立德、行善、大爱、奉献等高尚道德品质的追求在信俗中的反映。

临水夫人的传说故事中也有许多忠孝的内容，如清初传奇小说《临水平妖记》称，陈靖姑逃婚入闾山学法，三年后学成归来，为将功初过，对父母孝敬有加，甚至割肉医补父母疮疽，并答应出嫁。此后，陈靖姑四处驱妖斩蛇，为民除害，三番五次为闽王效力，屡次得到闽王封赐。[①] 可以说，《临水平妖记》完全以儒家忠孝礼教来塑造陈靖姑。

在闽南及台湾有较大影响的广泽尊王郭忠福也是因“至孝”而成神，志书称，因家庭贫寒，郭忠福少小时就为人放牛，虽然离家甚远，但他还是每天傍晚回家侍奉双亲。不久，其父亲去世，郭忠福携母亲迁居南安诗山郭山下，孝敬如故。一日，郭忠福牵着牛、带着酒登上郭山顶，日暮不归。翌日，乡人找到他时，发现郭忠福已在古藤上脱化，牛也只剩下一堆骨头。乡人感到十分蹊跷，又感其生前至孝父母，便在郭山下立庙祭祀。传说，郭忠福成神后经常显现灵异，保国庇民，捍灾御患，“上则为国保障，佐时太平；下则为民休庇，相世荣达。御灾孚佑，福善祸淫。消水旱之灾，屏盗贼之患。利国安民，周且悉，悠且久”。[②]

类似的例子在闽台信俗中不胜枚举。虽然民间神明传说故事带

---

① 林国平、彭文宇：《福建民间信仰》，福建人民出版社，1993 年，第 174 页。

② 林国平、彭文宇：《福建民间信仰》，福建人民出版社，1993 年，第 248 页。

有浓厚的迷信色彩，但不可否认，这些传说故事从另一个角度反映了民众对幸福生活的诉求。林默娘、陈靖姑、郭忠福等因忠孝行义、立德行善而得到民众的尊崇、朝廷的褒封，对他们的信仰是闽台人民立德致福观念在信俗中的体现。

二、行善致福

俗话说："文由于积学，福由于积德。"《易经》亦言："积善之家，必有余庆；积不善之家，必有余殃。"意思是说，行善积德之人必能招来福气、福运，获得自身来世及其子孙后代的美好生活。

在闽台民间信仰习俗中，亦可见诸如此类的语句："积善必有余庆"[①]；"积善之家必有余庆，积不善之家必有余殃"；"惟上帝不常，作善降之百祥，作不善降之百殃"[②]；"善者，福之基；福者，善之积"[③]；"聪明富贵，必生于积善之家；夭贱卑微，必报于积怨之后"；"积善则子孙繁衍，储恶则枝叶凋零"[④]；"世家积善称君子，子子孙孙庆有余"；"祸福无门，惟人自召。吉凶有兆，如影随形。善者，恶之符；恶者，善之信。为善者，五行扶我，司命与我；为恶者，凶气覆之，恶星照之"[⑤]。

签占是闽台民间常见的信仰习俗。签占的主体是签诗，即以诗

---

① 《洪恩灵济真君七政星灯仪》，《道藏》第 9 册，文物出版社、天津古籍出版社、上海书店，1988 年，第 39 页。

② （明）方文照：《徐仙真录》卷一《御制灵宝天尊说洪恩灵济真君妙经序》，《道藏》第 35 册，文物出版社、天津古籍出版社、上海书店，1988 年，第 525 页。

③ 《洪恩灵济真君礼愿文》，《道藏》第 9 册，文物出版社、天津古籍出版社、上海书店，1988 年，第 24 页。

④ （明）方文照：《徐仙真录》卷二《仙妃秘典》，《道藏》第 35 册，文物出版社、天津古籍出版社、上海书店，1988 年，第 552 页。

⑤ 《洪恩灵济真君礼愿文》，《道藏》第 9 册，文物出版社、天津古籍出版社、上海书店，1988 年，第 37 页。

歌为载体来占卜吉凶。事实上，签诗除用于占卜吉凶外，往往还渗透着中国传统的价值观、伦理观和幸福观等，寓劝惩治人心于其中。在《灵济真君注生堂灵签》中就贯穿着这么一种善有善报、积善之家有余庆的致福观。如第十九首说："能将阴德积冥冥，玉树芝兰渐满庭。继继承承兹有望，何须蜾蠃负螟蛉。"第二十八首："积善之家庆有余，果然入海得明珠。得防好事多修阻，力向神天作福扶。"第三十一首："冥冥阴德默相扶，行尽崎岖见坦途。不久须招田下力，早悬蓬矢与桑弧。"又如第五十八首："朝来乾鹊噪前楹，报道阶前玉树生。更赖阴功相护佑，免教坐蓐喜还惊。"第五十九首："作善由来降百祥，满堂欢笑弄圭璋。明朝更有堪夸处，树穴探环知姓羊。"第六十首："事在心头君自知，祖宗阴骘暗相随。鸠巢问说生佳鹞，虎穴宁无产豹儿。"又如，在莆田市仙游县枫亭镇灵慈庙之前殿西墙粉壁上有清光绪六年（1880）农历十一月惠安县圭峰人林渊书写的劝善宝诰，宝诰内容杂录佛道二教劝善警句，声称"人为善事，天报之以福禄寿""人业恶事，天报之以灾祸殃"，劝奉世人"勿以善小而不为，勿以恶小而为之"。类似的例子还有不少，所有这些，都集中反映了古人的致福观念。

老百姓相信，为善者必有福报。闽台地区不少城隍庙大门口上方悬挂有一方巨大的算盘，提醒世人善有善报、恶有恶报，为善者得福，为恶者招殃。如三明沙县城隍庙大门上方高悬着一方大算盘，并配以对联"世事不须空计较，阴曹自有大乘除"。再如，莆田江口的福莆仙东岳观、台湾新竹城隍庙大门上方，都悬挂有一个巨大的算盘。这个算盘实际上起着功过格的作用，寓意人算不如天算，世人一言一行都要接受神明的监察。这种善恶有报、行善致福的观念还体现在宫观楹联中。如漳州漳浦城隍庙对联称："为恶必灭，为恶不灭，祖有余德，德尽乃灭；为善必昌，为善不昌，祖有余殃，殃尽乃昌。"无独有偶，澎湖文澳城隍庙也有类似的对联："为恶必灭，为恶不灭，祖宗有余德，德尽乃灭；为善必昌，为善不昌，祖宗有余殃，殃尽乃昌。”[1]

行善致福观念还体现在传说故事之中。长寿作为“五福”之一，一直是几千年来人们孜孜以求的一大理想，在传说故事中，行善与高寿之间存在着某种直接的因果关系。如传说中的彭祖是长寿的典范，相传彭祖真正的寿命只有 20 岁，因他心地善良，乐善好施，为八仙所赏识，八仙每人赠给他 100 年的寿命，因此彭祖活了 820 岁。再如，相传安溪有一个叫李福的人，心地善良，为人仗义，为超度水鬼朋友，甘愿做替身，他的善行感动了天庭，玉帝特为其“增寿一纪”。[2] 虽然这些传说故事带有浓厚的迷信色彩，不可信以为真，但其目的旨在扬善抑恶，是劳苦大众对行善致福观念的一种表达。

福莆仙东岳观大门上方悬挂的大算盘

① 林国平：《闽台民间信仰源流》，福建人民出版社，2003 年，第 198 页。

② 林国平：《闽台民间信仰源流》，福建人民出版社，2003 年，第 420—421 页。

三、勤俭致福

勤劳节俭是中华民族的传统美德，常言道："富之根本全在于勤俭。"几千年来，勤劳的中国人民都把勤俭看作是安身立命的第一要义、追求幸福生活的最踏实之路。

勤俭致福包含两层含义：一是勤劳致福，二是节俭致福。

勤劳致福的逻辑是在与天、地、人自身的斗争中，通过不懈的努力和奋斗，不断创造、积累物质财富和精神财富，最终实现生活富足、事业有成，使得生活美满幸福。信俗中有关勉励人们勤奋致福的内容不在少数。东晋葛洪就指出："我命在我不在天，还丹成金亿万年。"[①] 相信通过人自身的努力，可以改变常规的自然事物和现象，实现自己的人生追求。葛洪的这一思想，也见于《西升经》的《我命章》："我命在我，不属天地。……我不视不听不知，神不出身，与道同久。……吾与天地分一气而治，自守根本也。"[②] 由此可见，"我命在我不在天"的命题，蕴含着对人自身潜在能力的充分肯定，它强调发挥个人的主观能动性、积极性和创造性，鼓励人们积极有为，充分发挥聪明才智，勤奋修持，定可实现延年益寿的目的。对此，葛洪在《抱朴子·内篇》中说得很明白，他说："仙之学可致，如黍稷之可播种得，甚炳然耳。然未有不耕而获嘉禾，未有不勤而获长生度世也。"道教主张人要充分地发挥自身的能动性，积极作为，主动地关心自己的生命和命运，强调人的能动性、积极性和创造性，这是一种激励人们不断进取的积极的人生观。这种积极进取的人生观，对于正确地认识世界和改造世界，建设幸福美好生活等具有重要的指导意义。

---

① 葛洪：《抱朴子内篇》，《道藏》第28册，文物出版社、天津古籍出版社、上海书店，1988年，第233页。

② 佚名：《西升经》，《道藏》第11册，文物出版社、天津古籍出版社、上海书店，1988年，第507页。

勤劳致福的观念也常见于签占等信俗活动中，在闽台地区广为流传的《关圣帝君灵签》中就极力宣扬勤劳致富、勤奋成才。如《关圣帝君灵签》第二十八首称："公侯将相本无种，好把勤劳契上天。人事尽从天理见，才高岂得困林泉。"第九十一首："佛说淘沙始见金，只缘君子不劳心。荣华总得诗书效，妙里功夫仔细寻。"①第五十二、五十四首则分别用"匡衡夜读书""苏秦刺股"的典故，激励人们勤奋好学，追求幸福生活。

民间认为"福生于清俭，祸生于多贪"，俭能养福。与勤劳致福强调财富的创造不同的是，节俭致福强调的是有节制、合理地开销财富，使积累的剩余财富不断增加，生活日益富足。勤劳致福与节俭致福二者是相辅相成、缺一不可的，勤而不俭，或俭而不勤，均不能致福。

幸福都是奋斗出来的，"三分天注定，七分靠打拼，爱拼才会赢……"，这首脍炙人口的闽南话歌曲《爱拼才会赢》，是闽台人民对勤劳致福、奋斗致福的生动阐释。

第二节　构建和谐人际关系

现今社会，国与国、人与人之间的交往更加频繁，与此同时张扬个性也成为一种趋势，有着不同价值取向的人要进行友好的人际交往，首先要树立以人为本的社会共同价值观，既要尊重个体之间的个性差异，又要肯定和注重人们之间的共同性。其次，要树立一种求同存异、和谐共处的观念，以实现共同发展、共同进步、共同繁荣。

一、谦让致福

谦让是一种美德，也是我国传统的礼仪。《三字经》里就有

① 林国平：《签占与中国社会文化》，人民出版社，2014年，第598页。

“融四岁，能让梨”句，这是一个关于东汉末汉学家、“建安七子”之一孔融（字文举）的真实故事。“孔融让梨”故事在中国千古流传、家喻户晓，它教育人们要懂得谦让。

祖祖辈辈以来，传统的中国人一直都把谦让视为致福的途径之一，认为谦让能消灾，谦让能致福。《尚书·大禹谟》言：“惟德动天，无远弗届，满招损，谦受益，时乃天道。”意思是说，骄傲自满必然会招致损害，谦虚使人受益。

被誉为“万经之王”、道家及道教第一部经典的《道德经》，全书只有五千多个字，内容却涵盖社会、政治、经济、军事、管理、伦理、心理等诸多领域，被后人尊奉为修身、齐家、治国、为学的宝典。《道德经》是中华优秀传统文化的精髓，对中国的哲学、科学、政治、宗教、为人处世等均产生了深远的影响，体现了古代中国人的一种世界观和人生观。《道德经》中反复强调了谦下不争的处世哲学，如第八章云：“上善若水。水善利万物而不争，处众人之所恶，故几于道。居善地，心善渊，与善仁，言善信，正善治，事善能，动善时。夫唯不争，故无尤。”在老子看来，有道德的人，就像水一样。水处于卑下的地方，水能滋养万物，荡涤污浊，但从不骄傲自夸，有道德的人就像水一样为人谦下。第六十六章云：“江海所以能为百谷王者，以其善下之，故能为百谷王。是以欲上民，必以言下之；欲先民，必以身后之。是以圣人处上而民不重，处前而民不害。是以天下乐推而不厌。以其不争，故天下莫能与之争。”江海善处于低下的地位，所以才能使百流汇注，成为百谷王。所以，古今中外，凡是真正成就大事业者无不是谦虚守下、虚怀若谷。相反，如果一个人刚愎自用、骄傲自满、颐指气使、盛气凌人，最后必自取其祸。正如《老子》第九章所言：“持而盈之，不如其已；揣而锐之，不可长保。金玉满堂，莫之能守。富贵而骄，自遗其咎。功遂身退，天之道。”这是说，一个人如果自满自夸，不如适时而止，因为水满就会溢出来，过于自满的人，必会跌倒。刚强则易折，惯于咄咄逼人必易遭受打击。金玉满堂，却不能永久保住财富，持富而骄的人，最后必自取其祸。只有谦虚、收敛、不自满、不自骄的人，才合乎自然之道。

闽台信俗中也有不少关于谦让的道德要求及争抢招损、谦让致福的例子。旧时，一些大宫庙前立有“下马碑”，提醒民众即使身份再高贵也要在此下马下轿，以示对神明的谦下虔敬。进庙上香礼仪也强调谦恭有礼、大度忍让，切勿争强好胜，影响肃静和谐的进香氛围。

谦让的反面是争强斗狠。旧时，闽台民间迎神赛会活动中经常发生因争“头炷香”、抬神出游途中相遇互不礼让而发生械斗的事件，造成民众生命和财产的损失。所谓争“头炷香”，又称“插头香”“上头支香”，是指在一些宫庙重大节庆日的头天晚上，许多民众抢着在子时插上大殿的第一炷香，期望借此得到神明更多的眷顾和庇佑。争“头香”时，民众你争我夺，互不相让，极易发生冲突。闽台地区还有“上香山”、“刈火”、“谒祖进香”、游神等习俗，即把宫庙中的神像抬到分灵祖庙去进香，并迎请分灵祖庙香火回来，或把庙中的神像抬出来，绕境巡游，以祈保佑平安。旧时，不同宫庙的抬神队伍因途中相遇互不相让而引起械斗的事件时有发生。清末吴增在《泉俗激刺篇·上香山》中就写道：“东佛去取火，西佛去接香，旗鼓各相当，最怕相逢狭路旁。狭路相逢不相让，流差募地相打仗。打仗打死人，石片弹子飞如尘。东家妇，西家叟，茫茫丧家狗，孩子倒棚走，神魂惊去十无九。”[①] 这种械斗事件在台湾也时有发生，《斯未信斋杂录》记载，台湾天后神诞迎送神像时，“北港之夫与郡城神舆各夫争路挟嫌，各纠约出城后互斗泄忿”。[②] 旧时莆仙地区有乌旗、白旗之分，每逢游神赛会时，乌白旗游神界线泾渭分明，不能互相越境一步，如稍有越境，就会引起

① 泉州市民政局、泉州志编纂委员会办公室编：《泉州旧风俗资料汇编》，1985 年，第 124 页。

② （清）徐宗幹：《斯未信斋杂录·壬癸后记》，台湾文献丛刊本。

纠纷，引发械斗。清代中叶莆田邑人郭篯龄在《吉雨山房文集》卷二《记神哄》一文中就记载了广业里萍湖村与溪南村迎神赛会时因乩童相斗引发械斗的事件。施鸿保《闽杂记》也记载了一个仙游洋寨村与溪里村械斗的事件，称："仙游洋寨村与溪里村械斗。洋寨村有张大帝庙，村人执庙中黑旗领斗获胜；溪里村有天后庙，村人遂执庙中白旗领斗，亦胜。由是，二村相械斗常分执黑白旗，各近小村附之，渐及德化、大田、莆田、南安等处。一旗皆万余人，乌旗尤强。其俗呼黑为乌，故曰乌旗。"械斗造成人民生命的重大伤亡、财产的巨大损失和生产的严重破坏，"无日不斗，无斗不毙，尸骸枕藉"，幸福生活从何谈起？

由此可见，谦让既是一种美德，也是一种致福之道。正如《道德经》所言："方而不割，廉而不刿，直而不肆，光而不耀。"此乃"圣人存亡之道"也。

二、宽容致福

俗话说："忍一时风平浪静，退一步海阔天空。""知足常乐，能忍常安。"宽容是一种涵养，也是处世的智慧、成功的秘籍。在中国历史上，有许多宽容致福的故事：蔺相如与廉颇的故事、汉文帝赐吴王刘濞手杖、诸葛亮七擒孟获，不胜枚举。

大肚弥勒佛是闽台民间普遍信奉的神明之一，各大小寺庙都有塑像。弥勒佛肥头大耳、大腹便便、满脸堆笑、袒胸露腹、盘腿而坐的形象，深受民众喜爱。这种形象塑造富有深意，按照佛教的说法，弥勒佛大肚皮表示量大福大，正所谓"宰相肚里能撑船，将军额上能跑马"，它提醒世人要有宽容之心，为人处世要宽容大量；笑容可掬，寓意希望众生皆生欢喜心。民间认为，摸摸弥勒佛的大肚皮，能消灾祛厄，祈福安康。在福清瑞岩山有一尊弥勒佛坐像，像高6.4米，宽8.9米，厚8米，头部高2.3米，头顶宽1.75米，身长1.3米，嘴宽1.05米，为全国最大的立体石刻弥勒佛石雕像，石像雕刻于元至正年间（1341—1368），1996年12月被列为全国重点文物保护单位。不难看出，大肚弥勒佛的这种形象既体现了佛教慈悲为怀、宽宏大量的宗旨，也代表着中华民族宽容、仁慈、豁达、智慧的精神特质。在大肚弥勒佛的左右两边，我们常能看到这样一副对联："大肚能容容天下难容之事，笑口常开笑天下可笑之人。"这副对联既是对弥勒佛形象寓意的生动写照，也反映了我国人民宽容致福的处世智慧。

宽容致福、和谐共生的理念还体现在神明的供奉上。受实用性、功利性等信仰心理的驱使，我国民间信奉的神明极其庞杂，不同系统、不同区域的神明被供奉在同一庙宇中和睦相处，分享百姓香火的现象相当普遍。莆田黄石的玉溪祠，中间供奉 30 多位神明，包含着佛教、道教、三一教以及其他各种神明，几乎成为莆田民间信仰世界的缩影。正殿除了供奉三一教主林兆恩及其弟子卢文辉、张洪都、李明灯外，还有孔子、老子、释迦牟尼三身合一像，左侧配殿有文昌帝君、北斗星君、朱衣先生、破寇将军。右侧配殿有关羽、观音、张飞、鹿儿老母及其儿子等；后殿有玄天上帝、慧靖先师、杨五郎、天神、释迦牟尼、灵官大帝、玉帝、普化天师、天官、水官、火官等，左右配殿分别供奉赵玄坛、关羽和温元帅、马元帅。台北慈护宫除供奉主神妈祖外，还供奉有孔子、释迦牟尼、老子、王母娘娘、福德正神、神农大帝、关圣帝君、水仙尊王等。如此众多且来路不同的神明同住一个寺庙中，集中体现了民间信仰的宽容性。供奉的神明，其功能囊括了能够解决世人在社会当中会遇见的所有困难。在一般民众的观念中，多供奉一个神明，就多一层保护，供奉的神明越多，所得到的庇佑就越周全。

妈祖是我国最大的海上保护神，也是世界和平女神。妈祖的许多神话传说故事都体现了宽容的精神。如根据《天妃显圣录》的记载，相传妈祖在世时，海上有一个怪物叫晏公，时常在海上兴风作浪，弄翻船只，是海上的一大祸害。有一天，妈祖驾着船来到东部大海，怪物又开始兴风作浪，妈祖乘坐的船只摇晃得非常厉害。妈祖立即抛锚停船，只见海里浮出一个神怪，胡子散乱，眼睛突兀，头戴金冠，身披绣袍。他随波逐流，上下翻腾，忽而用力拉扯缆绳，忽而用气猛吹桅帆，行动如闪电般迅捷、雷霆般有力。妈祖临危不惧，掀起狂风巨浪与之抗击。晏公见对方神威非凡，赶紧驾船走了。但是，晏公一时被妈祖法力所制伏，心有不甘，于是又变成一条神龙腾云驾雾，翻滚奔腾，袭击过来。妈祖朝激浪抛出神锭，制服神龙。晏公浑身乏力，只好飘浮在水面上，降伏认罪。妈祖命令晏公统领水阙仙班，护卫海上船民。从此，晏公成为妈祖的部下总管。类似的还有降伏千里眼、顺风耳、嘉应、嘉佑、高里鬼的传说故事。这些都充分体现了妈祖宽容的道德品质，元代黄渊在《圣墩顺济祖庙新建蕃釐殿记》一文中这样评价妈祖，称："所谓神者，以死生祸福惊动人，唯妃生人、福人，未尝以死与祸恐人，故人人事妃，爱敬如母。"[①] 妈祖不以生死祸福威慑人，而是平等地爱人，即使是对曾经兴风作浪、为害一方的妖怪，妈祖也是坚持慈悲为怀，以德服之，最后收为己用，共同救助黎民苍生。虽然这些故事带有浓厚的神话色彩，当是后人对妈祖的神格化演绎，但从中却折射出民间关于宽容能消灾致福的观念。

第三节　人与自然和谐共生

人类是大自然的一部分，人与自然是一个命运共同体，幸福美好生活的实现，不仅需要个人的立身、持家和持续奋斗，不断创造物质财富和精神财富，也需要与他人、与社会构建和谐的关系，还要构建和谐的人与自然关系，走"生产发展、生活富裕、生态良好"的文明发展之路，使我们的天更蓝、水更清、山更绿，生存环境更怡人。人类历史上无数次的自然灾难充分表明，离开了适宜的生存环境，物质财富和精神财富终会化为乌有。

---

① 蒋维锬、郑丽航辑纂：《妈祖文献史料汇编》（第一辑·碑记卷），中国档案出版社，2007年，第11页。

一、风水祈福

所谓“风水”，顾名思义就是风与水。晋代，被后人尊为风水理论鼻祖的郭璞在《葬书》中给“风水”下了一个最初的定义，称：“气乘风则散，界水则止。古人聚之使不散，行之使有止，故谓之风水。”风水文化是我国传统文化的瑰宝，是我国先民在生存环境恶劣、生产力水平相对比较低下的特定条件下，为改善生存条件、实现福禄寿喜财五福而不断探索的产物。

中国人民历来十分重视风水，认为居住于纳阳藏气的“风水宝地”能够抵挡灾难，生财纳福、人事兴旺、后代显达、福禄延绵，因此，在日常生活中，大到城市的建设、村落的布局，小到房屋的选址、房间的布局、门窗的朝向、家具的摆放，乃至于铺路修桥、婚丧嫁娶等各种活动，都要请风水先生“看风水”，以求趋吉避凶，祈福纳祥。

风水观念在中国自古有之，《尚书·召诰序》中就是成王召公相宅的记载。唐宋时期是风水文化的鼎盛时期，风水流派广泛兴起，风水理论不断完善。明清时期，有关风水文化的各种书籍大量涌现，风水文化泛滥。经过几千年的传承与发展，风水文化已经发展成为一门具有一定理论体系和科学依据的学问，“是研究人与自然和谐相处基本规律，选择和营造生气，为各式建筑物选址、定向和布局提供最佳方案的学问和技术，是融天文、地理、建筑与造园等文化于一体的交叉学科”[①]。风水文化的核心思想是人与自然的和谐共生，其目标是规避灾害，助人康寿兴旺，因此，风水文化既是人民追求健康长寿富足以及家族兴旺发达美好愿望的反映，也是民间诸多致福观念之一。

汉代以降，风水文化随北方汉人传入福建，并与民间信仰习俗相融合，对闽台地方社会产生深远的影响。从文献记载可以获知，

① 练力华：《中国环境地理学》，中央编译出版社，2014年，第10页。

魏晋时期，风水观念在福建就已流行开来，宋人梁克家在《三山志》中就记载了晋人郭璞在福州的卜城实践，称："晋太康三年，既诏置郡，命严高治故城，招抚昔民子孙。高顾视险隘，不足以聚众，将移白田渡，嫌非南向，乃图以咨郭璞。璞指其小山阜，曰：'是宜城，后五百年大盛。'于是迁焉。"[①] 唐宋时期，随着福建的大规模开发以及文化的发展、人口的繁衍生息，风水越来越受到人们的重视。在地方志及族谱中，有关风水实践随处可见。明清时期，风水观念已渗入民间，并随着闽人的大量移居而传入台湾。

在风水学中，凡事讲究藏风聚气，如果住宅打开大门就能看到马路、河流、胡同、桥梁直冲过来，这种现象被称为"路冲煞"。民间认为，大路直冲不聚气，犯"煞"者，轻者影响家人健康，财运衰败，重则人丁日少，甚至有血光之灾。因此，需要用石敢当、石狮子、八卦镜或影壁来"制煞""化煞"。

作为风水镇物，石敢当在我国分布广泛而普遍。旧时，在闽台村落周边、桥道要冲、房前屋后，常放置一块石碑，上面刻有"石敢当"或"泰山石敢当"字样，用以镇宅化煞、辟邪防风、祈福禳灾保平安。石敢当信俗是我国首批国家非物质文化遗产之一，在我国有着悠久的历史。早在汉代，就有关于石敢当的文字记载，在汉元帝时黄门令史游撰写的《急就篇》中就有"师猛虎，石敢当，所不侵，龙未央"[②] 句。北宋庆历四年（1044），秘书丞张纬出宰福建莆田，重修县中堂时，在地基中挖出了一方唐大历五年（770）的"石敢当"，"长五尺，阔亦如之"，无刊镂痕，上有铭文曰："石敢当，镇百鬼，压灾殃。官吏福，百姓康。风教盛，礼乐张。唐大

---

① （宋）梁克家修纂，福州市地方志编纂委员会整理：《三山志》卷4《子城》，海风出版社，2000年，第32页。

② （汉）史游：《急就篇》，岳麓书社，1989年，第3页。

历五年四月十日县令郑押字记。”① 同时出土的还有石符二枚。这是目前所知的关于石敢当的最早的实物，从内容上看，在这块石敢当上不仅表达了镇百鬼、压灾殃的愿望，还有祈福禄、保安康的追求，表明早在唐代福建人民就已将石敢当视为镇宅祈福的风水器物，民间认为石敢当不仅可以避邪制煞、镇鬼压殃，而且可以为官吏和百姓造福。另据宋施清臣《继古丛编》云：“吴民庐舍，遇街衢直冲，必设石人，镌‘石敢当’以镇之。本《急就章》也。”由此可见，至迟在宋代，石敢当信仰已逐渐普及，且已由埋置地下转变为竖立在街衢直冲处，文字也由墨写改为镌刻。宋金之后，石敢当信仰与泰山信仰相融合，在“石敢当”之前加“泰山”二字的风俗逐渐流行。

石敢当的凿和立均有规制，据《鲁班经》记载，凡凿石敢当，须选择在冬至日后甲辰、丙辰、戊辰、庚辰、壬辰、甲寅、丙寅、戊寅、庚寅、壬寅这十个龙虎日进行，除夕用三片生肉祭祀，新正寅时立于门首。立石敢当时，不能让外人看见。石敢当的规制一般是：高四尺八寸、阔一尺二寸、厚四寸，埋入土八寸，上刻“石敢当”或“泰山石敢当”。其中，“阔一尺二寸代表十二月令；厚四寸代表东西南北四方、春夏秋冬四时；埋入土八寸，代表立春、立夏、立秋、立冬、春分、夏至、秋分、冬至八节气”。②

由于特殊的自然地理和人文环境，及“好巫尚鬼”的传统，石敢当信仰在闽台地区相当盛行，旧时，在闽台城区各地随处可见石敢当碑。在福州于山九仙观的碑廊中有一方南宋绍兴年间（1131—1162）的石敢当碑，碑高约 80 厘米，宽 53 厘米，碑的上方中心部位横书“石敢当”三字，下边竖写：“奉佛弟子林进晖，时维绍兴

① （明）黄仲昭：《八闽通志（下）》卷 86《拾遗》，福建人民出版社，1991 年，第 1022 页。

② 郭秀清：《福州石敢当信仰述论》，赵麟斌主编：《闽台民俗述论》，同济大学出版社，2009 年，第 272 页。

载，命工砌路一条，求资考妣生天界。”福州人认为石敢当既能禳灾制煞，还能保佑合家平安，因此，喜欢在“路冲”之处的房屋门前或墙上立“石敢当”。

1943年，日本学者海江田正孝、窪德忠调查了厦门65座“石敢当”。此后，随着厦门城市的大规模开发，大量原竖立于古街旧巷的“石敢当”遗存或完全消失，或被移至别处。尽管如此，时至今日，在洪本部巷、草埔巷、石顶巷、曾厝垵、浦口社、凤头社以及同安区、翔安区等地仍有不少“石敢当”。①

闽西客家地区的石敢当信仰也十分盛行。位于闽粤赣三省交界的闽西山高林密、山沟坑谷起伏、瘴气盛行、蛇兽出没，自然环境十分恶劣，生命和财产安全时刻受到威胁。与沿海民众一样，闽西客家人也认为煞气无处不在，路有“路煞”，溪有“溪煞”，出口处有“凹煞”，峡谷或峭壁有“窠煞”。为辟邪制煞，在建造楼房时，须在楼角基石上刻上“泰山石敢山”字样，或将绘有八卦、写有字符的木板钉在楼角上。据说，清代以后的土楼多为圆楼，其中原因之一就是为了避“煞”，因为人们相信圆楼无角，“煞气”能滑走。②

明清时期，石敢当信仰随闽粤移民传入宝岛台湾。据悉，台湾人民历来把石敢当看作是平安的象征、“无声的保镖”、止煞祈福的保护神，在台澎地区，形形色色的石敢当随处可见。“台湾不管是城镇、还是山区，凡是面对街头巷口的地方大部分都建有庙宇，以祛灾辟邪，所以台湾各地的庙宇特别多。偶有不建庙宇的，就在院墙或房屋的墙壁上砌一块有‘石敢当’或‘泰山石敢当’字样的石碑，作为镇物。还有的在石材上刻写‘太极八卦石敢当’‘石敢当驱邪除怪、拍秽止煞’等字样，并结合剑狮造型，尤增咄咄逼人的

---

① ［日本］井上智胜著，吴光辉译《厦门石敢当研究》，《鼓浪屿研究》2021年第1期。

② 黄明毅：《闽西客家地区的石敢当信仰》，《新余学院学报》2018年第5期。

气势。”[①] 澎湖的石敢当主要分布在海边、港口甚至海上，其材质、种类、造型之多，规模之大，远胜于台湾本岛，有“泰山化煞石敢当”“五虎下山止煞石敢当”“金刚四将镇押石敢当”“观世音佛祖在此石敢当”“五雷阴兵收除邪秽石敢当”“南火当开化止煞石敢当”“三神塔石敢当”“玉皇敕令玄天上帝、温府王爷与五府千岁共同安镇押煞石敢当”和“玉皇敕令朱周池康温五府王爷千岁合境平安镇煞石敢当”等。由于澎湖是东北季风最强劲的地区，受此影响，澎湖地区出现有塔形石敢当，有三层塔、五层塔、七层塔、九层塔，也有单塔、双塔或三仙塔等，蔚为地方特色。金门地区的石敢当没有澎湖的多，大约有上百处，但历史都很悠久。如建于清乾隆年间的金门县古宁头北山村振威第（又名提督府），其宅第屋后墙角立有三通差不多和平房一样高的“泰山石敢当”碑，是金门最大的石敢当，雕工精细，造型高大威猛，非同一般。[②]

值得一提的是，闽台地区的石敢当信仰在传播过程中还与风狮文化相结合，出现了造型多样的石敢当，有的在石敢当碑顶雕有狮子头，有的在石狮上雕刻刚劲有力“石敢当”或“泰山石敢当”字样，有的搭配北斗七星、狮子衔剑等图案，这种现象在闽南及台湾地区尤为突出。闽台人民认为，狮子有镇风、镇鬼魅、镇煞、护风水、破冲、驱晦、求丁、招财、进爵等功能，但狮子也会伤人，所以狮子要口咬宝剑，以免任意张口伤人，并由此引申，认为宝剑由左插入，剑尖向右者，代表“祈福”；由右插入，剑尖向左者，代表“辟邪”；双剑交叉者，代表“战斗”。[②]

综上所述，石敢当信俗作为我国首批国家级非物质文化遗产之一，在我国有着悠久的历史，它以镇宅止煞、辟邪防风、禁压不祥、祈福禳灾为功能，反映了人们追求平安、幸福、人与自然和谐共生的普遍心理。近年来，随着城市的大规模开发和城镇化进程的

① 宋全忠：《台湾的石敢当信仰》，《寻根》2011年第3期。

②② 宋全忠：《台湾的石敢当信仰》，《寻根》2011年第3期。

快速发展，石敢当在城市已十分少见，石敢当信仰日趋衰落，但以石敢当为代表的风水祈福之物所表现出的“福”文化、平安文化，人们对平安、和谐、吉祥的向往与追求，却是历千年而不衰的主题。

二、保护生态环境

随着科学技术的突飞猛进，人类社会发生了翻天覆地的变化。与此同时，环境污染、生态失衡、能源短缺等一系列问题也日益严重地困扰着人类，尤其是环境污染和生态失衡已经成为21世纪人类面临的严重危机之一，全球气候的日益变暖，空气和水的污染日益严重，土壤肥力日益耗尽，许多可耕土地逐渐被沙漠所吞没，大批动植物逐渐消灭，各种自然灾害的发生频率和危害程度与日俱增，凡此种种，均造成人与自然十分紧张的关系，严重威胁到人类赖以生存的环境。面对生态环境问题，人们越来越自觉地意识到幸福生活的实现离不开适宜的生存环境，必须尊重自然，顺应自然，保护自然，维持人与自然的和谐统一。

在我国传承数千年的民间信仰习俗源于人类对大自然的种种生存体悟，其中蕴含有大量具有原始思维特点的朴素自然生态观，至今仍在不同程度上影响着人们的思想和行为方式。

费尔巴哈在《宗教的本质》中提道：“自然界的变化，尤其是那些激起人的依赖感的现象的变化，乃是使人觉得自然是一个有人性的、有意志的实体而虔诚地加以崇拜的主要原因。如果太阳老是待在天上不动，它就不会在人们心中燃起宗教热情的火焰。只是当太阳从人眼中消失，把黑夜的恐怖加到人的头上，然后又再度在天上出现，人这才向它下跪。……如果大地上老是结着果实，还有什么理由来举行播种节和收获节的宗教典礼呢？大地上的果实之所以显得好像是出乎天意的、理当感谢的恩赐，只是因为大地时而把它的宝库打开，时而又把它关闭。唯有自然界的交易，才使人变得不安定，变得谦卑，变得虔敬。”[①] 在原始社会，人们的生产能力和认知能力均十分低下，对生老病死、天象的万千变化等自然现象无法做出合理的解释，以为凡是与人发生关系的外界，包括天地日月星辰、风雨雷电、山河湖海以及身边的各种动植物等，都和人一样有意识、有灵魂，即所谓的“万物有灵”。因此，人们拜倒在大自然的脚下，认为人类只有敬畏自然、崇拜自然、爱护自然，它们才会保护人类的生活、生产安全，给人类带来幸福美好的生活，否则就会受到自然的惩罚，并因此产生了各种祭祀活动，这是一种原始朴素的自然生态观。民间信仰中的各种祭祀活动，看似人神之间的交流，事实上，其所要表达的正是人们对自然界的认识和感激之情，所要追求的是人与自然的和谐共生。[②]

在“万物有灵”观念的支配下，闽台先民创造了成千上万的神明，自然界中的万事万物，上至日月星辰、风雨雷电，下至各种飞禽走兽、种种植物乃至无生物，都可以成为他们崇拜的对象，自然崇拜、图腾崇拜、祖先崇拜十分盛行，这在一定程度上体现了闽台人民尊重自然、保护自然的原始生态智慧。秦汉以前，由于闽台特殊的自然地理环境，动植物崇拜特别盛行，闽台人民所崇拜的动物物种不下数十种，其中蛇、狗还分别被闽越人、畲族奉为图腾加以崇拜，任何人都不能伤害或杀食被奉为图腾的物种，这在很大程度上为这些物种的繁殖、保护提供了条件，在一定程度上维护了生态系统的平衡。

数千年来，尽管被视为草根文化的民间信仰习俗从未被接纳为中国的主流信仰，但它依附于儒、释、道，深受儒、释、道的影响，同时又反哺儒、释、道。众所周知，在认识人与自然的关系问题上，儒释道有一个共同的理念，那就是“天人合一”，认为人类

① 江帆：《生态民俗学》，黑龙江人民出版社，2003 年，第 231 页。

② 陈霞：《宗教与生态学的对话与互动》，《世界宗教研究》，2004 年第 4 期。

是自然的一个有机组成部分，天、地、万物与人各司其职，构成一个有序的生态系统。《道德经》称："故道大，天大，地大，人亦大。域中有四大，而人居其一焉。"庄子亦言："天地与我并生，而万物与我为一。"道教早期经典《太平经》也明确指出："天、地、人本同一元气，分为三体。"① "元气有三名，太阳、太阴、中和。形体有三名，天、地、人。"② 这便说明，尽管天、地、人和万物的形体不同，但都本是同根生，都源于"道"。既然人与自然本是同根生，是浑然一体的。所以《太平经》便强调天、地、人三气应当相互协调，彼此"相爱相通，无复有害者"，方能"并力同心，共生凡物"③，人类应该顺应自然，维护整个生态系统。在闽台人民看来，人类是自然界的一部分，人类的一切均取自自然，唯有感恩自然、保护自然、与自然和谐共生，才能国泰民安，因此，人们视天为父，视地为母，感恩大自然的一切，虔诚供奉。由此，"天人合一"的主流思想得以落地生根，在民间得到真正的践行。

这种朴素的自然生态观还衍生出许多带有生态保护性质的习俗和禁忌，妈祖信俗中的诞辰禁捕习俗就是一个突出的例子。在莆田沿海特别是湄洲岛有一个约定俗成的诞辰禁捕的习俗，即农历三月二十三日妈祖诞辰前后两天内不得出海捕鱼和垂钓。该习俗源于"龙王来朝"的神话故事，据《天妃显圣录》记载："东海多神怪，渔舟多溺。妃曰：'此必怪物为殃。'乃命舟鼓枻至中流，风日晴霁，顷望见水族辏集，锦鳞彩甲，跳跃喣沫，远远涛头，拥一尊官类王子仪容，鞠躬嵩呼于前，水潮汹涌。舟人战栗不已。妃曰：'不须扰。'传示免迎。突然水色澄清，海不扬波，始知龙王来朝。以后凡遇妃诞辰，水族会洲前庆贺。是日，渔者不敢施罛下钓。"故事是说龙王被妈祖降服后，每逢妈祖诞辰，都会率领水族聚集湄

① 王明：《太平经合校》，中华书局，1960 年，第 236 页。

② 王明：《太平经合校》，中华书局，1960 年，第 19 页。

③ 王明：《太平经合校》，中华书局，1960 年，第 148 页。

洲屿前朝拜妈祖。据此，当地渔民认为妈祖诞辰日前后鱼群聚集湄洲屿乃是龙王来朝，故而不能出海捕鱼垂钓，并渐沿成俗。实际上，农历三月二十三日前后数日，正值春汛期间，大量鱼类聚集近海岸岩石处或沙滩浅水处产卵繁殖，古人不知其中奥秘，认为是水族来朝拜妈祖。不过，这种出于信仰心理的禁忌习俗，蕴含有自发、朴素的自然生态观，在客观上起到了保护鱼类繁衍，保护自然生态环境的作用。

主要参考文献

一、著作

（汉）司马迁：《史记》，中华书局，1959年。

（汉）班固：《汉书》，中华书局，1962年。

（宋）范晔：《后汉书》，中华书局，1965年。

（唐）魏徵：《隋书》，中华书局，1973年。

（宋）薛居正：《旧五代史》，吉林人民出版社，2006年。

（清）吴任臣：《十国春秋》，中华书局，1983年。

（宋）司马光：《资治通鉴》，北京图书馆出版社，2006年。

（明）宋濂：《元史》，吉林人民出版社，2006年。

（宋）李昉等：《太平御览》，上海商务印书馆，1935年。

（清）谷应泰：《明史纪事本末》，上海古籍出版社，1994年。

（宋）梁克家修纂，福州市地方志编纂委员会整理：《三山志》，海风出版社，2000年。

（宋）胡太初修，赵与沐撰：《临汀志》，福建人民出版社，1990年。

（宋）黄岩孙：《仙溪志》，福建人民出版社，1989年。

（汉）史游：《急就篇》，岳麓书社，1989年。

（东晋）葛洪：《神仙传》，上海古籍出版社，1990年。

（宋）洪迈：《夷坚志补》。
（明）谢肇淛：《五杂俎》，远方出版社，2005 年。
（明）黄仲昭：《八闽通志》，福建人民出版社，1990—1991 年。
（清）道光《重纂福建通志》。
（明）正统《福建兴化县志》。
（明）弘治《仙溪志》。
（明）弘治《重刊兴化府志》。
（明）万历《古田县志》。
（清）康熙《莆田县志》。
（清）康熙《平和县志》。
（清）康熙《兴化府莆田县志》。
（清）乾隆《海澄县志》。
（清）乾隆《德化县志》。
（清）乾隆《延平府志》。
（清）乾隆《龙溪县志》。
（清）嘉庆《南平县志》。
（清）嘉庆《云霄厅志》。
（清）道光《厦门志》。
（清）同治《泉州府志》。
（清）同治《仙游县志》。
（清）光绪《漳州府志》。
民国《永定县志》，厦门大学出版社，2015 年。
民国《霞浦县志》。
民国《政和县志》。
徐九鲤：民国《九鲤湖志》。
（清）吴增：《泉俗激刺篇》。
（清）施鸿保：《闽杂记》，福建人民出版社，1985 年。
（清）高拱乾：《台湾府志》，台湾文献丛刊本。
（清）刘良璧：《重修福建台湾府志》，台湾文献丛刊本。

（清）周钟瑄：《诸罗县志》，台湾文献丛刊本。

（清）周玺：《彰化县志》，台湾文献丛刊本。

（清）胡建伟：《澎湖纪略》，台湾文献丛刊本。

（清）林焜熿：《金门志》，台湾文献丛刊本。

（清）佚名：《嘉义管内采访册》，台湾文献丛刊本。

（清）徐宗幹：《斯未信斋杂录》，台湾文献丛刊本。

（清）唐赞衮：《台阳见闻录》。

连横：《雅言》，台湾文献丛刊本。

（汉）许慎，徐铉等校：《说文解字》，上海古籍出版社，2009 年。

王力主编：《王力古汉语字典》，中华书局，2000 年。

《台湾省通志》，众文图书公司，1972 年。

固始县志编纂委员会编：《固始县志》，中州古籍出版社，1994 年。

中国人民政治协商会议福建省福州市委员会文史资料工作组编：《福州地方志（简编）》（下），1979 年。

福建省地方志编纂委员会编：《福建省志・民政志》，方志出版社，1997 年。

福建省地方志编纂委员会编：《福建省志・民俗志》，方志出版社，1997 年。

福建省莆田市地方志编纂委员会编：《莆田市志》，方志出版社，2001 年。

仙游县九鲤湖风景区管委会编：《九鲤湖志》，华夏文化出版社，2022 年。

《道藏》第 5 册，文物出版社、天津古籍出版社、上海书店，1988 年。

《道藏》第 9 册，文物出版社、天津古籍出版社、上海书店，1988 年。

《道藏》第 11 册，文物出版社、天津古籍出版社、上海书店，1988 年。

《道藏》第28册，文物出版社、天津古籍出版社、上海书店，1988年。

《道藏》第35册，文物出版社、天津古籍出版社、上海书店，1988年。

王明：《太平经合校》，中华书局，1960年。

朱维干：《福建史稿》，福建教育出版社，1986年。

徐晓望主编：《福建通史》（第一卷·远古至六朝），福建人民出版社，2006年。

陈碧笙：《台湾地方史》，中国社会科学出版社，1990年。

连横：《台湾通史》，广西人民出版社，2005年。

田珏：《台湾史纲要》，福建人民出版社，2000年。

陈支平主编：《福建宗教史》，福建教育出版社，1996年。

王荣国：《福建佛教史》，厦门大学出版社，1997年。

卿希泰主编：《中国道教史》，四川人民出版社，1996年。

刘晓明：《中国符咒文化大观》，百花洲文艺出版社，1999年。

勾承益：《福·福气·福音——中国民间求福习俗》，四川人民出版社，2009年。

李江：《中国传统福文化研究》，中国轻工业出版社，2019年。

殷伟：《福：中国传统的福文化》，福建人民出版社，2014年。

林国平：《签占与中国社会文化》，人民出版社，2014年。

张紫晨：《民俗学讲演集》，书目文献出版社，1986年。

乌丙安：《中国民俗学》，辽宁大学出版社，1985年。

刘德龙主编：《民间俗信与科学文化》，山东教育出版社，2002年。

林国平、彭文宇：《福建民间信仰》，福建人民出版社，2001年。

汪毅夫：《闽台历史社会与民俗文化》，鹭江出版社，2000年。

林国平：《闽台民间信仰源流》，福建人民出版社，2003年。

方宝璋：《闽台民间习俗》，福建人民出版社，2003年。

赵麟斌主编：《闽台民俗述论》，同济大学出版社，2009年。

泉州市民政局、泉州志编纂委员会办公室编：《泉州旧风俗资料汇编》，1985 年。

李培德主编：《泉州历史文化概览》，福建人民出版社，2021 年。

李天锡：《华侨华人民间信仰研究》，中国文联出版社，2001 年。

铃木清一郎著，冯作民译：《台湾旧惯习俗信仰》，众文图书公司，1989 年。

吴瀛涛：《台湾民俗》，众文图书股份有限公司，1992 年。

林惠祥著，蒋炳钊编：《天风海涛室遗稿：纪念林惠祥先生百年诞辰》，鹭江出版社，2001 年。

郑元庆等编著：《与鹿共舞——台湾原住民文化（一）》，《光华画报》杂志社，1994 年。

王碧秀：《五缘文化与两岸关系》，同济大学出版社，2010 年。

吕良弼主编：《五缘文化力研究》，海峡文艺出版社，2002 年。

陈支平、詹石窗主编：《透视中国东南文化经济的整合研究》，厦门大学出版社，2003 年。

冯惠民、李万健等选编：《明代书目题跋丛刊》（下），书目文献出版社，1994 年。

《中华民国史档案资料汇编》第 5 辑第 1 编“文化（一）”，江苏古籍出版社，1994 年。

陈支平主编：《台湾文献汇刊》第 2 辑第 14 册，厦门大学出版社、九州出版社，2004 年。

蒋维锬、郑丽航辑纂：《妈祖文献史料汇编》（第一辑 · 碑记卷），中国档案出版社，2007 年。

蒋维锬、刘福铸辑纂：《妈祖文献史料汇编》（第一辑 · 诗词卷），中国档案出版社，2007 年。

郑振满、［美］丁荷生：《福建宗教碑铭汇编：兴化府分册》，福建人民出版社，1995 年。

《临水夫人陈靖姑》编委会：《临水夫人陈靖姑》，海峡文艺出版社，1995 年。

杨文健、吴用耕：《闽台妈祖宫庙大观》，中国姓氏文化出版社，2016 年。

林国良主编：《莆田妈祖信俗大观》，海风出版社，2014 年。

叶明生主编：《莆田贤良港妈祖回娘家信俗调查研究》，宗教文化出版社，2021 年。

林元桓：《妈祖民俗表演欣赏与教程》，中国文史出版社，2015 年。

蓝宝珠：《中华妈祖志·长汀县卷》，中国文史出版社，2021 年。

蔡天新：《莆田海上丝绸之路》，厦门大学出版社，2021 年。

陈仙海：《西陂人民革命史》，中共龙岩市高陂镇委员会、龙岩市高陂镇人民政府编，1993 年。

龙岩市高陂镇西陂村两委、西陂天后宫文物管理委员会：《西陂记忆》，2010 年。

龙岩市高陂镇西陂村两委、西陂天后宫文物管理委员会：《西陂古村落神韵》，2016 年。

练力华：《中国环境地理学》，中央编译出版社，2014 年。

江帆：《生态民俗学》，黑龙江人民出版社，2003 年。

钟敬文：《民间文学概论》，高等教育出版社，2010 年。

二、论文

林国平、陈静：《闽台民间信俗的文化内涵与现代价值》，《福州大学学报（哲学社会科学版）》2014 年第 1 期。

乌丙安、胡玉福：《“俗信”概念的确立与“妈祖信俗”申遗——乌丙安教授访谈录》，《文化遗产》2018 年第 2 期。

王霄冰、任洪昌：《妈祖信俗的概念与内涵——兼谈民间信仰的更名现象与制度化问题》，《文化遗产》2018 年第 2 期。

刘福铸：《论清代福建妈祖信仰的兴盛及其原因》，《武汉科技大学学报（社会科学版）》2007 年第 2 期。

朱天顺：《清代以后妈祖信仰传播的主要历史条件》，《台湾研究集刊》1986 年第 2 期。

朱天顺：《闽台民间天公信仰》，《台湾研究集刊》1993 年第

1 期。

刘岚：《对“古代中国人寿命与人均粮食占有量”的质疑》，《人口研究》2002 年第 2 期。

俞祖华、杨玉好：《从“河洛人”入闽、迁台看中原文化的迁徙模式》，《烟台师范学院学报》（哲社版）1999 年第 3 期。

孙英龙：《闽台地缘关系与海洋交通研究》，《地缘·根源·家园——闽台地缘关系研究文集》，中国文联出版社，2008 年。

钱超尘：《董奉考》，《江西中医学院学报》2010 年第 2 期。

叶国庆、辛土成：《住居我国大陆和台湾的古闽越族》，《厦门大学学报（哲学社会科学学版）》1980 年第 4 期。

［日本］井上智胜著，吴光辉译：《厦门石敢当研究》，《鼓浪屿研究》2021 年第 1 期。

黄明毅：《闽西客家地区的石敢当信仰》，《新余学院学报》2018 年第 5 期。

宋全忠：《台湾的石敢当信仰》，《寻根》2011 年第 3 期。

宋全忠：《台湾的“土地公”信仰》，《两岸关系》2007 年第 3 期。

陈霞：《宗教与生态学的对话与互动》，《世界宗教研究》2004 年第 4 期。

周绍良：《明内府刊本〈灵宝天尊说洪恩灵济真君妙经〉》，《文物》1987 年第 10 期。

《本宫隆重举行丁亥年度光明灯上灯仪式》，汀州天后宫文物古迹修复协会编：《汀州天后宫修复简讯》第 41 期，2007 年 3 月 4 日。

《汀州天后宫的禁毒宣传》，汀州天后宫文物古迹修复协会、管理理事会编：《汀州天后宫简讯》第 78 期，2016 年 8 月 1 日。

俞黎媛：《闽台民间神明传说研究》，福建师范大学硕士学位论文，2003 年。

王皎皎：《闽西客家传统村落土地公信仰空间研究》，华侨大学硕士学位论文，2022 年。

后记

中国人自古就祈福盼福、崇福尚福，对“福”有着高度的心理认同感和价值认同感。“福”文化作为中华民族传统文化的重要组成部分，贯穿于华夏五千年悠久历史之中。如今，“福”文化早已渗透到人们物质生活和精神生活的方方面面，体现出中华民族深沉的精神追求和文化血脉。随着时代的发展，“福”文化所体现的价值认同已不再仅仅局限于个人对幸福生活的向往和追求，更成为构建社会文化价值观念的重要途径。因此，在当今全球化背景下，对“福”文化展开深入的研究，对讲好中国故事，向世界传递中国声音，推动中华优秀传统文化创造性转化与创新性发展具有重要的理论和现实意义。

闽台多元宗教文化荟萃，不仅佛教、道教、天主教、基督教、伊斯兰教五教并立，而且各种民间宗教和信仰习俗特别发达，林立的宫庙、成百上千的神明、频繁的宗教活动、众多的信众构成闽台民间信仰的基本内容。由于历史的积淀，一些信仰活动逐渐与民俗活动紧密结合起来，成为区域社会或某个社区、某些乡族多数成员参与的、具有浓厚民俗色彩的民间信俗。这些民间信俗虽然没有雅文化的精致、大传统的高深，但其内核则体现了雅文化的精神，反映了闽台人民对幸福美好生活的向往和追求，蕴含有极为丰富的“福”文化。散处于闽台山隅海角的每一座庙宇、每一尊神祇、每一炷香火、每一次信俗活动，无不是民众为了祈求更多的“福分”。盼福、祈福、致福观念贯穿于闽台信俗的方方面面。

从国内外学者对闽台信俗及中华“福”文化的相关研究历程中可以看出，学者们从文献考证、田野调查等多角度对“福”文化、闽台民俗展开研究，取得一批有价值的成果，这些成果是我们进一步深化“福”文化研究的起点和基础。但通过学术史回顾，我们发现学界的相关研究要么集中在“福”文化方面，要么集中在闽台民俗方面，对闽台信俗中的“福”文化，缺乏深入的挖掘与探讨，目前未见有相关研究成果。因此，我们认为加强对闽台信俗的“福”文化研究有其必要性和可行性。

本书在前人研究的基础上，采用文献考证与田野调查相结合的研究方法，剖析闽台信俗中丰厚的“福”文化内涵。全书除绪论外，共分五章，分别对闽台信俗源流概论、闽台民间信俗中的“福”文化、闽台民间传说故事中的“福”文化、闽台宫庙建筑中的“福”文化、闽台信俗中的致福观念等作专题论述，力求全面梳理闽台信俗产生的自然与地域因素及其发展历程，客观、科学、系统地展示闽台信俗中的“福”文化。这是前人未曾系统做过的工作，具有一定的创新性。

本书由王福梅提出写作思路，拟订写作提纲并统稿，绪论、第一章、第二章、第五章由王福梅撰写，第三章、第四章由连晨曦撰写。在写作过程中，莆田学院方宝璋教授、鹭江出版社余丽珍编审不吝赐教，对写作提纲提出了不少指导性建议，使书稿框架更加合理。鹭江出版社的蔡本烟编辑为本书付出了辛勤的劳动。在此，一并表示衷心的感谢！囿于时间、精力和学识等因素，本书舛误和错漏之处在所难免，真诚地欢迎各界人士、广大读者批评指正，以便将来进一步修订完善。

王福梅
2024 年 3 月于陋室